はじめに

JN106961

　本書は，文部科学省検定済教科書『観光ビジネス』（商業739）の学習用教材として作成されたものです。

　中間試験や期末試験の対策だけではなく，これからの観光立国をめざす国のあり方や地域活性化の方法などについても理解できるようになっています。教科書の内容をより深く理解し，知識を確実なものとするために活用してください。

① 　学校内でおこなわれる中間試験や期末試験は，教科書と授業の内容にもとづいて出題されます。わからないところは，先生に質問したり自分で調べたりして，よく理解しておきましょう。

② 　ノートの作成方法などについても，単に黒板の文字を写すだけでなく，自分なりにいろいろと工夫してみましょう。

③ 　さまざまな地域で，観光を通じた地域活性化を実現するための取り組みが進められています。観光振興のための政策内容や，実際の取り組み内容などについて，図書館やインターネットなどを活用して調べることで，より観光ビジネスについての理解を深めることができます。

　「観光ビジネス」は，最終的には地域活性化につながるようなまちづくりに役立つことを目的としています。

　このワークブックでみなさんの観光ビジネスに対する理解が深まり，さまざまな工夫をこらした方策を提案し，地域振興を担う一員となることを切に願っています。

編著者一同

もくじ
Contents

第5章　観光ビジネスの展開と効果

観光とビジネス①

①観光とは　②観光を構成する要素　③観光による効果

POINT ・観光を構成する要素や観光による効果を理解する。

基本問題

問1　次の文章の空欄にあてはまる語句を解答群から選び，記号で答えなさい。

(1)　（　①　）から非日常生活圏に移動して，再び戻ってくることを旅行という。

(2)　食事や買い物，キャンプ，温泉などを楽しんだり，心身をリフレッシュしたりする目的で旅行することを（　②　）という。

(3)　一日（24時間）のうち，食事や睡眠といった生活に必要不可欠な時間と，仕事や学業，家事など社会生活に必要な時間を差し引いた時間を（　③　）という。

(4)　観光動機を持った人のことを（　④　）という。

(5)　（④）が行ってみたい，あるいは体験してみたいと思うような対象を（　⑤　）という。

【解答群】

ア．余暇　　イ．観光客　　ウ．日常生活圏　　エ．観光対象　　オ．観光

①　　　　　　②　　　　　　③　　　　　　④　　　　　　⑤

問2　次の文章の下線部が正しい場合は〇を，誤っている場合は解答群から正しいものを選び，記号で答えなさい。

(1)　私たちが日々の生活を送る自宅や学校，会社などがある場所のことを<u>非日常生活圏</u>という。

(2)　食事や睡眠といった生活に必要な時間のことを<u>生活必需時間</u>という。

(3)　観光したいという欲求を呼び起こす要因のことを<u>観光の媒介</u>という。

(4)　地域内で生じた観光消費によって，地域の雇用や生産の誘発，税収の増加などの<u>社会的効果</u>がもたらされている。

(5)　旅行先や旅行の目的地のことを<u>デスティネーション</u>という。

【解答群】

ア．観光動機　　イ．経済波及効果　　ウ．社会生活時間　　エ．レクリエーション

オ．日常生活圏

(1)　　　　　　(2)　　　　　　(3)　　　　　　(4)　　　　　　(5)

問1　次の文章を読み，問いに答えなさい。

　食事や買い物，キャンプ，温泉などを楽しんだり，心身をリフレッシュしたりするために旅行することを観光という。ただし，場合によっては研修目的や仕事目的の旅行も観光に含めることがある。こうした観光を構成する要素としては，次の四つがある。

　まず大切なのは，観光に行きたいという思いを抱いた人，つまり観光客の存在である。また，観光客が(a)その地域に観光に行きたいと思う要因となる観光対象が必要となる。

　さらに，(b)観光対象の情報を伝える手段や，非日常生活圏に移動するための交通手段などを提供することも必要になる。これらを観光の□□□□□という。また，観光客が安心・安全に観光を楽しむための組織や法律などが整備されていることも重要となる。

(1)　下線部(a)を何というか，最も適切なものを次のなかから一つ選びなさい。

　ア．観光協会　　イ．観光動機　　ウ．観光資源

(2)　下線部(b)の説明として，最も適切なものを次のなかから一つ選びなさい。

　ア．観光客は自分で情報を調べて自分で移動する時代なので，旅行会社の利用が減少してきているという意味である。

　イ．観光対象の存在を知ってもらわなければ観光客が訪れることはなく，交通手段がなければ観光に行くことができないという意味である。

　ウ．非日常生活圏の情報を伝えたり，鉄道や航空機などの交通手段を用意したりするのは，観光地の義務という意味である。

(3)　文中の□□□□□にあてはまる語句として，最も適切なものを次のなかから一つ選びなさい。

　ア．主体　　イ．対象　　ウ．媒介

(1)	(2)	(3)
………………	………………	………………

問2　観光による効果の説明として，最も適切なものを次のなかから一つ選びなさい。

　ア．観光によって地域経済の活性化のみならず，地域の住民と観光に訪れた人との交流を通じて地域の伝統文化の伝承といった効果も見込める。

　イ．観光によって地域経済の活性化は期待できるが，地域の住民と観光に訪れた人との交流や，地域の伝統文化の伝承などは期待できない。

　ウ．観光による効果としては，利益を上げることのみに注力するコマーシャリズムや文化遺産の破壊といったマイナスの効果しかなく，プラスの効果はほとんどない。

………………

観光とビジネス②

④観光ビジネスとは　⑤観光ビジネスの特徴　⑥季節による需要の変動

POINT ● 観光ビジネスの概要と特徴について理解する。

基本問題

問1　次の文章の空欄にあてはまる語句を解答群から選び，記号で答えなさい。

(1) 鉄道や航空機など移動手段を提供するビジネスを（　①　）という。

(2) ホテルや旅館など宿泊施設を提供するビジネスを（　②　）という。

(3) 観光客と（①）や（②）などの仲介をするビジネスを（　③　）という。

(4) 観光ビジネスは，そのほとんどがサービスの提供によって成り立っている（　④　）である。

(5) 宿泊施設で，従業員が宿泊客を客室まで案内するサービスは具体的なかたちをもっていない。これを（　⑤　）という。

【解答群】

　ア．旅行業　　イ．サービス産業　　ウ．無形性　　エ．旅客輸送業　　オ．宿泊業

①　　　　　　②　　　　　　③　　　　　　④　　　　　　⑤

問2　次の文章の下線部が正しい場合は〇を，誤っている場合は解答群から正しいものを選び，記号で答えなさい。

(1) サービスは生産と同時に消費がおこなわれる。この性質を協働性という。

(2) 提供するサービスの質や量は，常に同一ではない。この性質を変動性という。

(3) サービスは消費された瞬間にすぐに消える。この性質を消滅性という。

(4) 観光地において，観光に適した時期のことをオフシーズンという。

(5) 観光に関連する商品やサービスに対する需要のことを観光需要という。

【解答群】

　ア．不可分性　　イ．閑散期　　ウ．有効需要　　エ．固定性　　オ．オンシーズン

(1)　　　　　　(2)　　　　　　(3)　　　　　　(4)　　　　　　(5)

問1　次の文章を読み，問いに答えなさい。

　リゾートホテルや旅館などを全国に展開するＡ社では，(a)宿泊施設のある地域ごとに現地スタッフが集まって地域の魅力を話しあい，観光商品やイベントの企画などにつなげるための会議をおこなっている。たとえば青森県十和田市の奥入瀬渓流近くのホテルでは，(b)知名度の高い紅葉シーズンに観光客が集中していた。そこで，夏は約300種類以上の苔が生息する神秘的な世界を体験できるツアーや，冬は幻想的な氷柱や氷瀑を見ることができるツアーなどを企画して，観光客の人気を集めた。

(1)　本文の主旨から，下線部(a)の会議をおこなう理由について，最も適切と思われるものを一つ選びなさい。

　ア．観光需要は一年を通して一定なので，それをさらに高めるためにおこなわれる企画会議である。

　イ．観光需要は一年を通して変動するが，オンシーズンの観光需要をさらに高める一方で，オフシーズンの観光需要は低くするためにおこなわれる企画会議である。

　ウ．観光需要は一年を通して変動するので，それを一定にするためにおこなわれる企画会議である。

(2)　下線部(b)のような時期を何というか，次のなかから最も適切なものを一つ選びなさい。

　ア．閑散期　　イ．繁忙期　　ウ．過渡期

(1)　………………　(2)　………………

問2　次の文章の空欄にあてはまる語句を解答群から選び，記号で答えなさい。

　観光地でタクシーに乗車した場合，そのタクシーは乗客を目的地に移動させるというサービスを提供し，同時に乗客はそのサービスを消費していることになる。こうした性質のことを（　①　）という。また，タクシーの乗車サービスは作り置きをすることができないという性質をもつ。この性質を（　②　）という。また，同じ経路を同じタクシー会社のタクシーで移動しても，運転手が違ったり，あるいは運転手の体調が悪かったりすると，まったく同じサービスが提供されるとは限らないという性質がある。こうした性質を（　③　）という。

【解答群】

　ア．消滅性　　イ．不可分性　　ウ．変動性

①　………………　②　……………　③　……………

観光ビジネスの動向①

①消費行動の変化

POINT　● 観光が多様化していることを理解する。

■基本問題■

問1　次の文章の空欄にあてはまる語句を解答群から選び，記号で答えなさい。

(1) 消費者が感じるさまざまな不足（欠乏状態）のことを（　①　）という。

(2) 1950年代半ばから1973（昭和48）年の第一次オイルショックが起きるまで続いた景気拡大期のことを（　②　）という。

(3) 給与やボーナスなどの個人所得から税金や社会保険料などを差し引いた手取りの収入のことを（　③　）という。

(4) 限られた富裕層のみが観光を楽しむのではなく，ジャンボジェット機の就航などさまざまな要因で多くの人が観光を楽しむようになったことを（　④　）という。

(5) 国境を越えて観光をすることを（　⑤　）という。

【解答群】

ア．国際観光　　イ．マスツーリズム　　ウ．高度経済成長期　　エ．可処分所得
オ．ニーズ

①……………　②……………　③……………　④……………　⑤……………

問2　次の文章の下線部が正しい場合は○を，誤っている場合は解答群から正しいものを選び，記号で答えなさい。

(1) マスツーリズムの時代には，個人旅行が中心だった。

(2) 1964（昭和39）年に，観光目的での海外渡航が自由化された。

(3) 日本で多くの人にとって観光が身近になったのは，大量生産と大量消費を特徴とする高度経済成長期の頃である。

(4) 物欲を満たす消費をコト消費ということがある。

(5) 所得水準が上昇し，余暇時間も増加傾向にあることから，物欲を満たすよりも心の充実をはかる体験型観光が人気を集める動きがある。

【解答群】

ア．バブル経済期　　イ．周遊型観光　　ウ．ビジネス　　エ．団体旅行
オ．モノ消費

(1)……………　(2)……………　(3)……………　(4)……………　(5)……………

問1　体験型観光の説明として，最も適切なものを次のなかから一つ選びなさい。

　ア．バスや鉄道などを利用して，有名な観光地を団体で見物する観光のことである。

　イ．何らかのテーマに基づいて，体験や交流の要素を取り入れた観光のことである。

　ウ．団体で移動して，夜は宿泊施設の宴会場で，全員で宴会を楽しむ観光のことである。

　　　　　　　　　　　　　　　　　　　　　　　　　　　　　　　　　　　……………

問2　体験型観光の例として，最も適切なものを次のなかから一つ選びなさい。

　ア．古民家を改修した宿泊施設に宿泊し，箸作り体験などを楽しんだ。

　イ．旅行代理店が企画したパッケージツアーに参加して，有名な神社仏閣を見て回った。

　ウ．会社の社員旅行に参加して温泉に行き，夜は社員同士で親睦を深めた。

　　　　　　　　　　　　　　　　　　　　　　　　　　　　　　　　　　　……………

問3　マスツーリズムによる弊害として，<u>適切ではないもの</u>を次のなかから一つ選びなさい。

　ア．観光地の自然環境や文化遺産の破壊などがみられるようになった。

　イ．騒音や交通渋滞の発生などによって，地域住民の日常生活が圧迫されるようになった。

　ウ．観光地の環境保全のために入場規制をおこなうことで，観光客からの不満が高まるように
　　　なった。

　　　　　　　　　　　　　　　　　　　　　　　　　　　　　　　　　　　……………

**問4　個人旅行志向が高まっている理由として，最も適切なものを次のなかから一つ選びなさ
　　い。**

　ア．ジャンボジェット機の就航や大型バスの運行などで，多くの観光客が一度に移動できる交
　　　通機関の発達がみられたから。

　イ．大手の旅行代理店がさまざまなパッケージツアーを用意して，あらかじめ旅行の目的地や
　　　日程などを決めてくれるようになったから。

　ウ．インターネットの発達によってさまざまな観光地の情報を入手し，個人で宿泊施設の予約
　　　や交通機関の手配ができるようになったから。

　　　　　　　　　　　　　　　　　　　　　　　　　　　　　　　　　　　……………

第2節 観光ビジネスの動向②

②訪日旅行の変化　③海外旅行の動向　④国内旅行の動向

POINT　●訪日旅行と日本人の海外旅行・国内旅行の動向を理解する。

基本問題

問1　次の文章の空欄にあてはまる語句を解答群から選び，記号で答えなさい。

(1) 観光にかかわるさまざまな環境を整備して国内外から観光客を呼び込み，それによって得られる経済効果で国の経済発展を支えていこうという考え方を（　①　）という。

(2) 外国人が日本を訪れる旅行のことを（　②　）という。

(3) 新型コロナウイルス感染症(COVID-19)の感染リスクを減少させるために，適切な（　③　）を取ることが必要である。

(4) コロナ禍では，近隣地域への短期の宿泊旅行や日帰り旅行などを指す（　④　）が拡大した。

【解答群】

ア．マイクロツーリズム　　イ．インバウンド　　ウ．感染拡大防止策　　エ．観光立国

①……………　②……………　③……………　④……………

問2　次の文章の内容が正しい場合は○を，誤っている場合は×を記入しなさい。

(1) 今後の観光政策として，訪日外国人旅行者の誘致に取り組み，東京や大阪などの都市部の経済活性化につなげていくことが大切だとされている。

(2) 新型コロナウイルス感染症(COVID-19)による影響を受けて一時的に減少したものの，訪日外国人旅行者の数は長期的に増加傾向にあるといえる。

(3) 海外と日本を結ぶ航空路線が拡大したことで，都市部だけではなく，農山漁村地域へも外国人旅行者が訪れるようになってきている。

(4) 自国から外国へでかける旅行のことをインバウンドという。

(5) 日本人出国者総数は1990年代からおおむね横ばいで推移しているが，長期的には減少傾向にある。

(1)…………　(2)…………　(3)…………　(4)…………　(5)…………

問1　次の文章を読み，問いに答えなさい。

　新型コロナウイルス感染症(COVID-19)の世界的な流行にともない，(a)日本人出国者総数や訪日外国人旅行者数は劇的に落ち込んだ。さらに，感染拡大を防止するため，入国制限や移動制限のほか，飲食店における営業時間の短縮などの措置がとられ，(b)観光ビジネスを担う旅客輸送業や飲食業，宿泊業などは大きな打撃を受けた。

　こうした状況下で，(c)個人や少人数で近隣地域へ出かける新たな観光スタイルが注目されるようになった。この観光は長距離移動をしないため感染リスクを抑えられるとともに，地域経済の活性化へつながることが期待された。

(1)　下線部(a)をみるための統計を作成している行政機関として，最も適切なものを次のなかから一つ選びなさい。

　　ア．出入国在留管理庁　　イ．デジタル庁　　ウ．中小企業庁

(2)　下線部(b)に対して，日本政府が需要喚起をはかるため実施した政策を何というか，最も適切なものを次のなかから一つ選びなさい。

　　ア．Come To キャンペーン　　イ．Take To キャンペーン　　ウ．Go To キャンペーン

(3)　下線部(c)を何というか，最も適切なものを次のなかから一つ選びなさい。

　　ア．マイクロツーリズム　　イ．ミクロツーリズム　　ウ．マクロツーリズム

(1)	(2)	(3)

問2　わが国における旅行消費額の推移の説明として，最も適切なものを次のなかから一つ選びなさい。

ア．旅行消費額の推移において，金額が最も大きいのは一貫して訪日外国人旅行によるものである。

イ．2020（令和2）年に旅行消費額が減少しているのは，新型コロナウイルス感染症(COVID-19)の影響によるものである。

ウ．日本人の国内日帰り旅行と国内宿泊旅行を比較すると，一貫して国内日帰り旅行のほうが旅行消費額は多い。

観光資源の分類
①観光資源とは　②観光資源の内容と分類

POINT　●観光資源と観光施設について理解する。

基本問題

問1　次の文章の空欄にあてはまる語句を解答群から選び，記号で答えなさい。

(1)　自然や歴史遺産など観光対象となりうるもののことを（　①　）という。

(2)　人々が観光するさいに利用する施設や場所のことを（　②　）という。

(3)　山岳や高原，原野，湿原など観光対象となる自然そのもののことを（　③　）という。

(4)　史跡や寺社，城跡・城郭など人の手によって生み出されたもので観光対象となるものを（　④　）という。

(5)　（③）と（④）が組み合わさり，一つとなったものを（　⑤　）という。

【解答群】
　ア．自然観光資源　　イ．複合観光資源　　ウ．観光資源　　エ．人文観光資源
　オ．観光施設

①　　　　②　　　　③　　　　④　　　　⑤

問2　次の文章の下線部が正しい場合は○を，誤っている場合は解答群から正しいものを選び，記号で答えなさい。

(1)　観光をしたいと考えるときのきっかけを観光対象という。

(2)　観光施設は，観光資源に接するさいに利便性や快適性，安全性などを提供するものである。

(3)　史跡，寺社，城跡・城郭，庭園・公園などは有形人文観光資源に分類される。

(4)　大都市，農山漁村，郷土景観，歴史景観などは無形人文観光資源に分類される。

(5)　観光客の行動の多様化により，下町，路地，生活のなかで育まれた文化，交流，体験なども観光資源として捉えられている。

【解答群】
　ア．同質化　　イ．歴史遺産　　ウ．観光対象　　エ．複合観光資源　　オ．観光動機

(1)　　　　(2)　　　　(3)　　　　(4)　　　　(5)

問3　観光対象に関する次の記述のうち，最も適切なものを選びなさい。

　ア．観光客を呼び込むためには魅力的な観光資源があることが最も重要であり，観光施設の有無や整備されているかといったことは関係がない。

　イ．観光資源とは有形のものを指し，下町や路地，生活のなかで育まれた文化，交流，体験などといった無形のものは該当しない。

　ウ．観光施設のなかには，はじめから観光客を惹きつける目的でつくられるものもある。

....

応用問題

問1　次の文章を読み，問いに答えなさい。

　公益財団法人日本交通公社では，日本各地の(a)観光資源を，美しさや大きさ，日本らしさ，集積度など14の視点で評価し，「全国観光資源台帳」としてまとめている。この台帳では，観光資源をその性質に応じて分類しているほか，日本を代表し日本イメージの基調となっている資源を特A級資源・A級資源として選定している。たとえば(b)長野県・岐阜県の穂高岳や鹿児島県の屋久島の森，(c)石川県にある日本庭園の兼六園などは，特A級資源に選ばれている。

　(1)　下線部(a)の説明として，最も適切なものを次のなかから一つ選びなさい。

　　ア．人々が観光するさいに利用する施設や場所のことである。

　　イ．人々の観光対象となりうるもののことである。

　　ウ．観光をしたいと考えるときのきっかけのことである。

　(2)　下線部(b)は次のうちどの観光資源に分類されるか，最も適切なものを選びなさい。

　　ア．自然観光資源　　　イ．複合観光資源　　　ウ．人文観光資源

　(3)　下線部(c)は次のうちどの観光資源に分類されるか，最も適切なものを選びなさい。

　　ア．自然観光資源　　　イ．複合観光資源　　　ウ．人文観光資源

(1)＿＿＿＿＿　(2)＿＿＿＿＿　(3)＿＿＿＿＿

問2　複合観光資源の説明として，最も適切なものを次のなかから一つ選びなさい。

　ア．はじめから観光客を惹きつけるためにつくられたテーマパークやスポーツ施設，動物園，植物園，水族館などのことである。

　イ．観光対象となりうる価値をもつが，かたちがない年中行事のような観光資源のことである。

　ウ．自然観光資源と人文観光資源が組み合わさった大都市，農山漁村，郷土景観，歴史景観などのことである。

....

第2節　国内の観光資源①
①自然観光資源とは　②自然の魅力

POINT
● 自然観光資源の魅力や役割，課題を理解する。

基本問題

問1　次の文章の空欄にあてはまる語句を解答群から選び，記号で答えなさい。

(1)　国際連合教育科学文化機関のことを（　①　）という。

(2)　（①）が定める評価基準を満たし，適切な保護管理体制がとられる自然遺産は，一定の手続きを経て（　②　）に登録される。評価基準としては，たとえば「最上級の（　③　），又は，たぐいまれな自然美・美的価値を有する地域を包含する」などがある。

(3)　自然をありのままで保つために，人間の手を加えることなく自然を維持することを，自然の（　④　）という。

(4)　生物多様性など，人間が目指す姿を保つために，ある程度は人間の手を加えて自然を維持することを，自然の（　⑤　）という。

【解答群】

ア．自然現象　　イ．世界自然遺産　　ウ．保全　　エ．UNESCO　　オ．保護

①　　　　　　　②　　　　　　　③　　　　　　　④　　　　　　　⑤

問2　次の文章の内容が正しい場合は〇を，誤っている場合は×を記入しなさい。

(1)　特に優れた自然景観や貴重な自然は，国や地方自治体が指定する自然公園や天然記念物などとして保護されている。

(2)　日本は雨季と乾季の区別がはっきりと分かれており，それぞれに異なった自然の楽しみ方がある。

(3)　世界遺産条約では，絶滅のおそれのある動植物の生息地を文化遺産として定義している。

(4)　日本は豊かな自然があると同時に，地震や津波，火山噴火，台風などの自然災害がほとんどない国でもある。

(5)　今日の日本の自然は，観光開発という目的で人間の手が加えられ，地球本来の生態系を失ってしまうのではないかと問題視されることもある。

(1)　　　　　　(2)　　　　　　(3)　　　　　　(4)　　　　　　(5)

問1　次の文章を読み，問いに答えなさい。

　1972（昭和47）年に，(a)UNESCO で「世界の文化遺産及び自然遺産の保護に関する条約」（世界遺産条約）が採択され，日本は 1992（平成4）年に締結した。この世界遺産条約に基づく(b)世界自然遺産に登録されるためには，自然美，地形・地質，生態系，生物多様性という四つの評価基準のうち，いずれか一つ以上を満たしていなければならない。たとえば日本の世界自然遺産の一つである北海道の知床は，(c)希少種を含む多くの海洋性および陸上性の種が生息していることと，「生態系」の基準を満たしているとして登録された。

(1)　下線部(a)の説明として，最も適切なものを次のなかから一つ選びなさい。

　　ア．教育，科学，文化の協力と交流を目的とする国際連合の専門機関。

　　イ．自由貿易の促進を主な目的として設置された国際機関。

　　ウ．持続可能な観光を促進するために活動している国際連合の専門機関。

(2)　下線部(b)の説明として，最も適切なものを次のなかから一つ選びなさい。

　　ア．世界自然遺産に登録されると，一般の観光客がその区域に立ち入ることはできなくなる。

　　イ．登録にあたっての評価基準には含まれていないが，全人類共通の資産となるような顕著で普遍的な価値を持つことが望ましいとされている。

　　ウ．登録されるには評価基準を満たしていることに加え，十分な保護管理がおこなわれていることなども必要となる。

(3)　下線部(c)はどの評価基準にあたるか，最も適切なものを次のなかから一つ選びなさい。

　　ア．自然美　　イ．地形・地質　　ウ．生物多様性

(1)	(2)	(3)
....	....	....

問2　群馬県沼田市にある吹割の滝の説明として，次のなかから正しいものを一つ選びなさい。

　ア．杉木立の間を3段になって水が流れ落ちる滝で，県が指定する名勝に選ばれている。

　イ．薩摩藩が編さんした「三国名勝図絵」にも記載され，癒しのスポットとして人気がある。

　ウ．「東洋のナイアガラ」とも呼ばれ，国が指定する天然記念物や日本の滝百選にも選ばれている。

....

国内の観光資源②

③歴史遺産とは　④歴史遺産の魅力

・歴史遺産の魅力や役割，課題を理解する。

基本問題

問1　次の文章の空欄にあてはまる語句を解答群から選び，記号で答えなさい。

(1) 歴史遺産とは，史跡や寺社，城跡・城郭，庭園・公園などのことをいい，（　①　）の大部分を占めている。

(2) 歴史遺産を保護するために，国や地方自治体が（　②　）に指定・登録している。

(3) 歴史的な集落や町並みの保存のため，（　③　）を市町村が定めており，国が（　④　）を選定している。

(4) UNESCO が定める評価基準を満たした文化遺産は，世界自然遺産と同様に一定の手続きを経て（　⑤　）に登録される。

【解答群】
　ア．重要伝統的建造物群保存地区　　イ．世界文化遺産　　ウ．有形文化財
　エ．伝統的建造物群保存地区　　オ．人文観光資源

①	②	③	④	⑤

問2　次の文章の内容が正しい場合は〇を，誤っている場合は×を記入しなさい。

(1) 建造物や絵画，工芸品などのかたちある貴重な文化財のことを史跡という。

(2) 日本の文化や産業などは，諸外国の影響を無条件に受け入れることで発展してきた。

(3) 日本の歴史遺産のなかには，戦争や自然災害，事件，事故などが残した悲惨な姿や物語を伝えるものもある。

(4) さまざまな価値観を支える日本の歴史遺産だが，傷つけられたり盗まれたりする問題は，現在のところ一度も生じていない。

(5) 日本の美意識として「小さくまとまった自然の姿」や「うつろいやすさ」などに美しさを感じる面があるといわれている。

(1)	(2)	(3)	(4)	(5)

問1　次の文章を読み，問いに答えなさい。

　京都市右京区にある龍安寺は，1994（平成6）年に「古都京都の文化財」として(a)世界文化遺産に登録された。室町時代に細川勝元が創建した禅寺で，とりわけ白砂の上に15個の石を配置した方丈庭園（石庭）が有名である。庭園は石や砂で山や川などを表現する枯山水という様式が用いられ，(b)侘び・(c)寂びを感じることができる。1975（昭和50）年にはエリザベス2世が称賛したことで世界的にも有名になった。

（1）　下線部(a)の説明として，最も適切なものを次のなかから一つ選びなさい。

　　ア．鑑賞上または科学上顕著な普遍的な価値を有する自然の記念物である。

　　イ．歴史上，美術上または科学上顕著な普遍的価値を有する記念工作物や建造物群である。

　　ウ．城下町，宿場町，門前町など全国各地に残る歴史的な集落・町並みのことである。

（2）　下線部(b)の説明として，最も適切なものを次のなかから一つ選びなさい。

　　ア．一点に意識を集中させることで，物事をあるがままにとらえようとすることをいう。

　　イ．簡素な様子のなかに，心の豊かさを見出そうとする意識のことをいう。

　　ウ．苦しみや悩みの根源を探り，それらから解放されることをいう。

（3）　下線部(c)の説明として，最も適切なものを次のなかから一つ選びなさい。

　　ア．ひっそりとした静けさや寂しさのなかに，趣を感じることをいう。

　　イ．山や森などに対して感謝と畏敬の念をもち，山岳を神聖化することをいう。

　　ウ．何かに執着することをやめようとする意識のことをいう。

　　　　　　　　　　　　　　　　　(1)　　　　　　　(2)　　　　　　　(3)

問2　歴史遺産に関する次の記述のうち，最も適切なものを一つ選びなさい。

　　ア．わが国の歴史遺産のなかには，戦争や自然災害などの痕跡を伝えるものもあるが，文化や産業の発展など歴史の光の部分を象徴する歴史遺産のみを伝えていった方が，将来の世代にとって有益である。

　　イ．歴史遺産は建築されてから相当な年月が経過しているものが多く，しかも素材は木が多いので，保護や保全を図ってもいずれは朽ち果ててしまうので，放置するのもやむをえないと考えられる。

　　ウ．影の部分を隠すことなく後世へ伝えていくことも歴史遺産が担っている役割であり，私たちは歴史遺産を通して平和な社会を実現しなければならない責任がある。

国内の観光資源③

⑤景勝地とは　⑥景勝地の魅力

• 景勝地の魅力や役割，課題を理解する。

基本問題

問1　次の文章の空欄にあてはまる語句を解答群から選び，記号で答えなさい。

⑴　景勝地には，自然観光資源を中心とした（　①　），人文観光資源を中心とした歴史景観や農村景観，郷土景観，（　②　）などがあり，自然観光資源と人文観光資源を合わせた（　③　）に分類されることもある。

⑵　景勝地は，国や地方自治体が指定・登録する名勝や（　④　）などとして保護されている。

⑶　景勝地は，UNESCO の世界自然遺産や世界文化遺産，あるいは（　⑤　）に登録されるものもある。

【解答群】
　ア．複合観光資源　　イ．世界複合遺産　　ウ．自然景観　　エ．都市景観
　オ．文化的景観

①　　　　　　　②　　　　　　　③　　　　　　　④　　　　　　　⑤

問2　次の文章の下線部が正しい場合は〇を，誤っている場合は解答群から正しいものを選び，記号で答えなさい。

⑴　<u>文化財保護法</u>では，名勝を庭園，橋梁，峡谷，海浜，山岳その他の優れた風景の場所で，特に芸術上または鑑賞上価値の高い重要なものとしている。

⑵　<u>自然景観</u>とは，人々の生活や文化と，地域の自然とが結びついて生み出された景観のことをいう。

⑶　自然遺産と文化遺産の両方の基準で登録されたものを<u>世界複合遺産</u>という。

⑷　景勝地の魅力は，地域の特徴的な自然や歴史，文化，産業などが織りなす優れた景色に<u>インターネット</u>で触れられるところである。

⑸　景勝地に込められたストーリーは人々に地域の<u>アイデンティティ</u>を守ることの意義を教え，多様な価値観を支える役割があるといえる。

【解答群】
　ア．有形文化財　　イ．治安　　ウ．五感　　エ．文化的景観　　オ．観光基本法

(1)　　　　　　　(2)　　　　　　　(3)　　　　　　　(4)　　　　　　　(5)

問1　次の文章を読み，問いに答えなさい。

(a)優れた景色がある場所を法律で保護しようという考え方は，比較的最近のものである。文化財保護法では，2004（平成16）年の法改正によって，(b)人々の生活や文化と，地域の自然とが結びついて生み出された景観も保護されるようになり，「別府の湯けむり・温泉地景観」や「瀬戸内海姫島の海村景観」などが指定されている。

わが国では優れた景色がある場所で季節ごとに異なる風情を楽しむことができるほか，そうした景色が地域住民の(c)帰属意識や地域の誇りを高めることにもつながっている。

その一方で，多くの観光客が訪れるようになった結果，(d)ゴミの不法投棄や地域住民のプライバシーの侵害，住居への不法侵入といった問題が発生し，地域住民の慣れ親しんだ景観が損なわれている場合もある。

(1)　下線部(a)を何というか，最も適切なものを次のなかから一つ選びなさい。

　　ア．行楽地　　イ．観光地　　ウ．景勝地

(2)　下線部(b)を何というか，最も適切なものを次のなかから一つ選びなさい。

　　ア．文化的景観　　イ．自然景観　　ウ．歴史景観

(3)　下線部(c)を何というか，最も適切なものを次のなかから一つ選びなさい。

　　ア．ホスピタリティ　　イ．ダイバーシティ　　ウ．アイデンティティ

(4)　下線部(d)を何というか，最も適切なものを次のなかから一つ選びなさい。

　　ア．観光需要　　イ．観光公害　　ウ．観光施設

(1)　　　　　　　(2)　　　　　　　(3)　　　　　　　(4)

問2　山口県長門市にある元乃隅神社の説明として，最も適切なものを次のなかから一つ選びなさい。

　ア．稲荷大神を祀る由緒ある神社で，境内社の龍神宮周辺には美しい日本庭園がある。なだらかな斜面に約200基の鳥居が竜のように据えられており，その多くは五穀豊穣を願う村人によって奉納されたものである。

　イ．地元の漁業経営者が枕元で聞いた白狐のお告げによって建立した神社で，123基の鳥居が崖側から100m以上にわたって並ぶ。アメリカの大手テレビ局CNNが「日本で最も美しい場所31選」の一つに選んだ。

　ウ．有明海に建てられた海中鳥居が有名で，満潮時には浮かんでいるように見える。沖ノ島に取り残された悪代官が大魚に助けられたことに感謝し，神社とともに岸から約200mにわたって建てられたといわれている。

第2節 国内の観光資源④

⑦伝統行事とは　⑧伝統行事の魅力

POINT　・伝統行事の魅力や役割，課題を理解する。

基本問題

問1　次の文章の空欄にあてはまる語句を解答群から選び，記号で答えなさい。

(1) 伝統行事には，国や地方自治体が指定・登録する（　①　）などとして保護されているものもある。

(2) 伝統行事のうち，衰退・消滅しないよう国際的な保護が必要なものは，UNESCO の（　②　）に登録されている。

(3) 古くから日本では，正月や祭礼などの「（　③　）」（非日常の日）と「（　④　）」（日常生活）に分けることで，日常生活にメリハリを持たせたり，秩序を守ったりしてきた。現代においては，日常生活圏を離れる「観光」も「（③）」の一つと捉えることができる。

(4) 伝統行事を体験することで，地域の歴史や文化への理解が深まったり，地域住民の（　⑤　）を高めたりすることもできる。

【解答群】

　ア．ケ　　イ．連帯感　　ウ．無形民俗文化財　　エ．ハレ　　オ．無形文化遺産

①＿＿＿＿＿　②＿＿＿＿＿　③＿＿＿＿＿　④＿＿＿＿＿　⑤＿＿＿＿＿

問2　次の文章の内容が正しい場合は〇を，誤っている場合は×を記入しなさい。

(1) 伝統行事とは花見や月見など，特定の名称や日時，場所などが定められていない行事のことを指す。

(2) 伝統行事は，季節や人生の節目など，ものごとが変化する時期に災いを避けるためや，人々が生きる喜びを感じるために考え出されたといわれている。

(3) 伝統行事の魅力は，古くから地域住民の喜怒哀楽を分かち合う点にあるが，だからといって地域住民の結束力を高めるような象徴的な光景があるわけではない。

(4) 現代の生活は，科学技術の進歩によって自然の影響を受けにくくなっている。

(5) 平和に暮らせるようになった現在の社会においては，伝統行事が継承されることは必要ではない。

(1)＿＿＿＿＿　(2)＿＿＿＿＿　(3)＿＿＿＿＿　(4)＿＿＿＿＿　(5)＿＿＿＿＿

問1　次の文章を読み，問いに答えなさい。

　伝統行事がおこなわれる日は，(a)普段は着ないようなめずらしい服を着たり，伝統行事の開催中しか食べないような食事をとったりするだけでなく，特別な言葉遣いや作法なども用いられることがある。こうした伝統行事に触れることによって，(b)日常生活圏で気づけなかった日本の新たな一面が見られたり，新しい価値観が得られたりすることがある。

　また，(c)余暇時間における活動内容の多様化によって地域住民の交流が少なくなり，伝統的な価値観が失われつつあるなか，伝統行事が果たす役割は大きいと考えられている。

(1) 下線部(a)のような日を何というか，最も適切なものを次のなかから一つ選びなさい。

　ア．ハレ　　イ．ケ　　ウ．侘び

(2) 下線部(b)の説明として，最も適切なものを次のなかから一つ選びなさい。

　ア．食事や買い物，キャンプなどを楽しむ場所のことである。

　イ．自宅や学校，会社など日々の生活を送る場所のことである。

　ウ．史跡や寺社など歴史遺産が存在する場所のことである。

(3) 下線部(c)の説明として，最も適切なものを次のなかから一つ選びなさい。

　ア．余暇時間には，多くの人がほぼ同一の集団行動をおこない，価値観が共有されているということ。

　イ．ニーズやウォンツの多様化によって，余暇時間の過ごし方もさまざまになっているということ。

　ウ．仕事や学業，家事などが忙しくて余暇時間を楽しむ余裕もあまりないこと。

(1) ……………　(2) ……………　(3) ……………

問2　沖縄県宮古島市におけるパーントゥの説明として，最も適切なものを次のなかから一つ選びなさい。

　ア．開催地が県の中心にあることが由来であり，参加者は図原と呼ばれる人の顔に見立てた腹をくねらせ，人々の笑いを誘いながら練り歩く。

　イ．目には見えない稲の精霊と力士が三番勝負で相撲をとり，精霊が勝ち越した年は豊作になるといわれている伝統行事である。

　ウ．お化けや鬼神を意味する来訪神が仮面をつけて集落内を回る厄払いの伝統行事で，UNESCOの無形文化遺産や国の重要無形民俗文化財に登録・指定されている。

………………

国内の観光資源⑤
⑨博物館とは　⑩博物館の魅力

・博物館の魅力や役割，課題を理解する。

基本問題

問1　次の文章の空欄にあてはまる語句を解答群から選び，記号で答えなさい。

⑴　博物館には，美術館をはじめ，文学館や歴史館，（　①　），水族館，動物園，植物園など
の文化的施設も含まれる。

⑵　日本の近代的な博物館は，1872（明治5）年に開かれた（　②　）が始まりとされてい
る。

⑶　美術館や博物館の詳しい定義は（　③　）によって定められている。

⑷　博物館は，公民館や図書館，青少年教育施設などと合わせて，（　④　）と呼ばれる。

⑸　世界文化の見地から価値が高く，たぐいない国民の宝とされるような重要文化財は
（　⑤　）に指定され，保護されている。

【解答群】

　ア．科学館　　　イ．国宝　　　ウ．博物館法　　　エ．社会教育施設　　　オ．湯島聖堂博覧会

①　　　　　②　　　　　③　　　　　④　　　　　⑤

**問2　次の文章の下線部が正しい場合は○を，誤っている場合は解答群から正しいものを選び，
記号で答えなさい。**

⑴　東京都の国立西洋美術館の本館は，世界自然遺産に登録されている。

⑵　現在，日本国内には約5,700館の博物館が存在しており，なかでも最も多いのが歴史博物
館である。

⑶　博物館に所蔵されている史料や美術工芸品などの有形の文化財のうち，重要なものは国か
ら重要文化財に指定されている。

⑷　社会で特定の集団だけが持つ独特の文化のことをメインカルチャーという。

⑸　専門家が揃う博物館には知識や教養を高めたり，感受性や郷土愛を育んだりしやすくする
機能がある。

【解答群】

　ア．無形文化遺産　　　イ．植物園　　　ウ．サブカルチャー　　　エ．世界文化遺産
　オ．所得

⑴　　　　　⑵　　　　　⑶　　　　　⑷　　　　　⑸

問1 石川県金沢市にある金沢21世紀美術館の説明として，最も適切なものを次のなかから一つ選びなさい。

ア．「見る，さわる，体験する」を重視した鉄道の総合博物館で，明治から昭和にかけて活躍した実物の鉄道車両を保存・展示している。

イ．「迷子になろうよ，いっしょに。」をキャッチコピーとするスタジオジブリの世界観が凝縮された予約制の美術館である。

ウ．公園のような美術館が建築のコンセプトで，円形の建物から地元では「まるびぃ」の愛称で親しまれている。

....

問2 次の文章を読み，問いに答えなさい。

博物館は資料の収集，保管，展示とともに，資料に関する調査研究などをおこなうための機関であり，(a)観光のために設立された施設ではない。しかし，たとえば国立科学博物館（東京都）や大塚国際美術館（徳島県）など，有名な博物館に行くことを目的とした観光は多くおこなわれており，博物館もまた□□□□□となり得る。特に有名な作品や歴史上重要な資料などを集めた展覧会が開催されると，それを目的に大勢の人々が訪れる。たとえば2022（令和4）年10月から12月にかけて東京国立博物館で開催された「(b)国宝　東京国立博物館のすべて」では，チケットが売り切れるほどの人気を集め，会期中の来場者数は約35万人にのぼった。

(1) 下線部(a)を何というか，最も適切なものを次のなかから一つ選びなさい。

ア．観光動機　　イ．観光施設　　ウ．観光資源

(2) 文中の□□□□□にあてはまる語句として，最も適切なものを次のなかから一つ選びなさい。

ア．観光対象　　イ．観光協会　　ウ．観光需要

(3) 下線部(b)の説明として，最も適切なものを次のなかから一つ選びなさい。

ア．博物館法に基づき，歴史上または芸術上価値の高い有形の文化財で，特に重要とされるものを指す。

イ．UNESCOが定める評価基準を満たし，歴史上，美術上または科学上顕著な普遍的価値を有する記念工作物などを指す。

ウ．重要文化財のうち，世界文化の見地から価値の高いもので，たぐいない国民の宝とされるものを指す。

(1) ....　(2) ....　(3) ....

国内の観光資源⑥

⑪郷土料理とは　⑫郷土料理の魅力

・郷土料理の魅力や役割，課題を理解する。

基本問題

問1　次の文章の空欄にあてはまる語句を解答群から選び，記号で答えなさい。

(1) 郷土料理や郷土料理に関係する用具・技術などは，国や地方自治体が指定・登録する無形民俗文化財や（　①　）として保護されている。

(2) 食べ物に困ることがなく，飽きるまで食べることができる状態のことを（　②　）という。

(3) 家族と一緒に生活しているにもかかわらず，家族とではなく一人で食事することを（　③　）という。

(4) 地域で生産された生産物を地域内で消費することを（　④　）という。

(5) ファストフードに対して提唱された言葉で，地域の伝統的な食材や食文化に目を向ける運動のことを（　⑤　）という。

【解答群】

　ア．孤食　　イ．スローフード　　ウ．有形民俗文化財　　エ．地産地消　　オ．飽食

①　　　　　　②　　　　　　③　　　　　　④　　　　　　⑤

問2　次の文章の内容が正しい場合は〇を，誤っている場合は×を記入しなさい。

(1) 地域振興を目的として開発された歴史の浅い料理も，郷土料理の範囲に含まれている。

(2) 郷土料理は，地域に固有の風習や伝統行事などに関連づけて食されることで，今日まで受け継がれてきた。

(3) 「和食」は UNESCO の有形文化遺産に登録されている。

(4) 寒さが厳しい地域では，味噌や醤油を多く使用した味の濃い郷土料理が目立っている。

(5) 郷土料理は地域の歴史にも深い関係があるため，古くから伝わる盛り付け方や食べ方などを学べるところも魅力となっている。

(1)　　　　　　(2)　　　　　　(3)　　　　　　(4)　　　　　　(5)

問1　郷土料理の「あずき雑煮」の説明として，最も適切なものを次のなかから一つ選びなさい。

ア．宮城県の沿岸部を中心に食べられており，ホヤを出汁と具に使っている。

イ．島根県出雲市などで食べられており，出雲地方では旧暦10月に神在餅という名前で振る舞われている。

ウ．奈良県東吉野村などで食べられており，焼いた餅を別皿に添えた砂糖入りのきな粉に付けて食べるのが特徴である。

....

問2　次の文章を読み，問いに答えなさい。

2013（平成25）年に，「和食；日本人の伝統的な食文化」がUNESCOの＿＿＿＿に登録された。
(a)和食は日本の豊かな自然のもとで生まれ，「自然の尊重」という日本人の精神性が体現された食文化とされている。登録にあたり，和食が持つ特徴は以下のようにまとめられた。
①多様で新鮮な食材とその持ち味の尊重　　②健康的な食生活を支える栄養バランス
③(b)自然の美しさや季節の移ろいの表現　　④正月などの年中行事との密接な関わり

(1)　文中の＿＿＿＿にあてはまる語句として，最も適切なものを次のなかから一つ選びなさい。

　　ア．無形民俗文化財　　イ．世界自然遺産　　ウ．無形文化遺産

(2)　本文の主旨から，下線部(a)の説明として最も適切なものを次のなかから一つ選びなさい。

　　ア．和食は短い調理時間ですぐに食べられるという手軽さによって，地域を問わず多くの人々にとって身近な存在となっている。

　　イ．流通網や保存方法の発達にともない，地域外の食材や旬以外の時期の食材も取り入れた食事となっている。

　　ウ．和食には地域に根ざしたさまざまな食材が用いられ，それを味わうための調理技術や調理道具も工夫されている。

(3)　下線部(b)の説明として，最も適切なものを次のなかから一つ選びなさい。

　　ア．季節の花などで料理を飾りつけたり，季節に合った調度品や器を利用したりしている。

　　イ．一汁三菜を基本として，地域の気候などに合わせながら健康面に配慮した食事となっている。

　　ウ．古くから地域に伝わる調理方法が用いられており，地域の歴史や文化を学ぶことができる。

(1)＿＿＿＿＿　(2)＿＿＿＿＿　(3)＿＿＿＿＿

国内の観光資源⑦

⑬風習とは　⑭風習の魅力

POINT

• 風習の魅力や役割，課題を理解する。

基本問題

問1　次の文章の空欄にあてはまる語句を解答群から選び，記号で答えなさい。

(1) 日本の風習は，地域にある固有の自然や（　①　），信仰などに関わるものが多い。

(2) 風習のうち，特に歴史上や芸能上の価値が高いものは，国や地方自治体が指定・登録する（　②　）などとして保護されている。

(3) 文化遺産保護制度の一つで，日本の文化や伝統を語るストーリーに欠かせない地域の歴史的魅力や特色として文化庁が認定したものを（　③　）という。

(4) 誰もが相互に人格と個性を尊重し支え合い，人々の多様な在り方を相互に認め合える全員参加型の社会のことを（　④　）という。

(5) 年齢，性別，人種，宗教などが異なるさまざまな人が集まった状態のことを（　⑤　）という。

【解答群】

ア．日本遺産　　イ．ダイバーシティ　　ウ．無形民俗文化財　　エ．産業

オ．共生社会

①　　　　　　　②　　　　　　　③　　　　　　　④　　　　　　　⑤

問2　次の文章の内容が正しい場合は○を，誤っている場合は×を記入しなさい。

(1) すべての人々が孤立や排除させられないように守り，健康で文化的な生活ができるように，社会の構成員として包み込み，支え合うことをアイデンティティという。

(2) 風習は科学的根拠に基づいたものであり，地域住民にとって生きる喜びを伝えたり，難を逃れたりすることができることを保証するものとして伝えられている。

(3) 風習とは，「ならわし」や「しきたり」「言い伝え」などともいい，生活様式や行動様式などの基準となる考え方のことである。

(4) 風習はその国や地域の住民にとっても，観光客にとっても珍しく興味深いものとなる。

(5) 少子高齢化や都市化・過疎化が進行しているが，こうした課題と風習が失われつつあることは関係がない。

(1)　　　　　　(2)　　　　　　(3)　　　　　　(4)　　　　　　(5)

問1　秋田県湯沢市などにみられる「鹿島様」の説明として，最も適切なものを次のなかから一つ選びなさい。

ア．漢字の八を○で囲った印を島中の至るところに記して，魔除けとする風習である。

イ．巨大なワラ人形を集落の出入口などに立てて邪悪な霊や疾病などの侵入を防ぐ風習である。

ウ．川に湧き出る温泉を使って，足踏みで洗濯する風習である。

．．．．．．．．．．．．．．．．

問2　次の文章を読み，問いに答えなさい。

わが国の正月は主に江戸時代に全国的に広がった風習で，基本的に□□□□といわれる神を村や里に迎えるための日本独自の風習である。この神様が訪れてくる方角（恵方）は毎年変化するため，神様が道に迷わないように，松の枝を用いた飾りを村や里の入り口に置いていた。時代が経過すると村や里の入り口ではなく，個々の家庭で神様を迎えるようになったので，玄関などに(a)松を用いた飾りを置くようになり，現在に至っている。正月三が日の間は煮炊きをしないようにあらかじめおせち料理を作っておき，お屠蘇（とそ）で邪気をはらって雑煮を食べて正月を祝う。そして松の内と呼ばれる期間が終わると，飾りをはずすことになる。(b)こうした日本独自の風習に触れることは，訪日外国人旅行者にとって貴重な体験になることが多い。

(1)　文中の□□□□にあてはまる語句として，最も適切なものを次のなかから一つ選びなさい。

ア．年神　　イ．道祖神　　ウ．付喪神

(2)　下線部(a)を何というか，最も適切なものを次のなかから一つ選びなさい。

ア．恵方棚　　イ．吹き流し　　ウ．門松

(3)　下線部(b)の説明として，最も適切なものを次のなかから一つ選びなさい。

ア．海外でも日本と同じ風習で正月を祝うため，自国と同じ文化を通じた交流を図ることができる。

イ．自国とは異なる風習を知ることで，自国の文化や価値観のすばらしさを再認識することができる。

ウ．自国にはない風習に接することで新しい価値観や知識を得られるとともに，視野が広がることも期待できる。

(1)　．．．．．．．．．　(2)　．．．．．．．．．　(3)　．．．．．．．．．

国内の観光資源⑧

第2節

⑮伝統工芸とは　⑯伝統工芸の魅力

POINT

• 伝統工芸の魅力や役割，課題を理解する。

基本問題

問1　次の文章の空欄にあてはまる語句を解答群から選び，記号で答えなさい。

(1)　伝統工芸や伝統工芸品は，国や地方自治体が指定・登録・選定する有形文化財や無形文化財，（　①　）などとして保護されている。

(2)　日本の伝統的な木造建築の技術などの伝統工芸技術は世界にも認められており，UNESCO の（　②　）に登録されている。

(3)　人や社会，環境に配慮した消費行動を（　③　）（倫理的消費）という。

(4)　機能やデザインなどが異なる複数の製品を少量ずつ生産することを（　④　）という。

(5)　状況ごとに種類や数量を変動させて生産することを（　⑤　）という。

【解答群】

ア．無形文化遺産　　イ．多品種少量生産　　ウ．変種変量生産　　エ．選定保存技術

オ．エシカル消費

①　　　　　　②　　　　　　③　　　　　　④　　　　　　⑤

問2　次の文章の内容が正しい場合は〇を，誤っている場合は×を記入しなさい。

(1)　伝統工芸品の魅力は緻密さや美しさにあるが，機械による大量生産でも作り出せるものである。

(2)　自然由来の素材を使う伝統工芸や伝統工芸品は，機能性や耐久性などに優れている。

(3)　伝統工芸の職人が手作業で丁寧に仕上げる伝統工芸品には，それぞれ完成品に細かな違いがある。

(4)　日本が古くから大切にしてきた価値観を学んだり，感受性や郷土愛を育んだりするうえで，伝統工芸品はさして役に立たない。

(5)　選定保存技術とは，文化財の保護のために欠くことのできない伝統的な技術や技能で保存する必要があると認められたものである。

(1)　　　　　(2)　　　　　(3)　　　　　(4)　　　　　(5)

問1　次の文章を読み，問いに答えなさい。

「工芸」は製造業における「製造」と同じような意味で使われていたが，明治時代に「美術」という考え方が欧米からもたらされ，「製造」から分離して(a)伝統工芸という表現芸術として一つの分野を確立した。もともとは壺や鉢，皿，花瓶，箱といった日常生活で用いられていた「製品」だったのが，芸術作品として認められるようになったのである。

このように伝統工芸はときに製造方法や様式などを変化させながら時代に適応し，現代に生き残り，(b)観光資源としても注目されるようになったのである。また，(c)高度経済成長期にみられたさまざまな問題に対して，環境に負荷を与えない側面などもあらためて注目されている。

(1)　下線部(a)の説明として，最も適切なものを次のなかから一つ選びなさい。

　　ア．長い歴史を有する素材や技術，技法などで地域に固有の文化や生活様式，行動様式と結びついた製品を製造することである。

　　イ．伝統行事に用いられる祭礼品を作るために，祖先から伝わる製造方法や様式を数百年にわたり一切変更せずに現在も伝承されている技術のことである。

　　ウ．中国に由来する天目茶碗や金襴手（金彩の磁器）を製造する技術のことで，日本に由来する技術はほとんど含まれないものを指す。

(2)　下線部(b)の説明として，最も適切なものを次のなかから一つ選びなさい。

　　ア．伝統工芸の技術をスマートファクトリーにも活用しようとすることである。

　　イ．伝統工芸や伝統工芸品が観光対象になっているということである。

　　ウ．表現力や創造力の育成のために，伝統工芸が教育に活用されていることである。

(3)　下線部(c)の説明として，最も適切なものを次のなかから一つ選びなさい。

　　ア．大量消費や大量廃棄，環境汚染などの問題である。

　　イ．観光客によるゴミの不法投棄やプライバシーの侵害などの問題である。

　　ウ．労働力人口が減少し，高齢化が進行しているという問題である。

(1)　　　　　　　(2)　　　　　　　(3)

問2　UNESCOの無形文化遺産に登録された伝統工芸として，正しいものを次のなかから一つ選びなさい。

　　ア．銅器製造技術　　イ．手漉和紙技術　　ウ．鬼瓦製造技術

第3節 観光資源の魅力を高める方策

①掘り起こしや磨き上げの必要性　②掘り起こしや磨き上げの方策

POINT
- 観光資源の掘り起こしや磨き上げの方策について理解する。

基本問題

問　次の文章の下線部が正しい場合は○を，誤っている場合は解答群から正しいものを選び，記号で答えなさい。

(1) 日本には自然遺産や歴史遺産などの<u>観光施設</u>が豊富にある。

(2) 観光客の目的や市場の動向を把握するなど，<u>マーケティング</u>の要素を活かした方策が必要である。

(3) 観光資源に手を加えるほど，本来の姿から遠ざかるという<u>ダイバーシティ</u>を抱えることになる。

(4) 季節や時間などの場面を変えることで，観光資源の別の姿を見せることは，<u>範囲の工夫</u>である。

(5) 観光ツアーの宣伝を旅行業者だけでなく，地域住民や学生などに任せるようにすることは，<u>接点の工夫</u>である。

【解答群】

ア．コミュニケーション　　イ．題材の工夫　　ウ．観光資源　　エ．場面の工夫
オ．トレード・オフ

	(1)	(2)	(3)	(4)	(5)

応用問題

問　次の文章のうち，条件にあてはまるものにはAを，それ以外にはBを記入しなさい。

【条件】 範囲の工夫

(1) 日中だけが賑わっていた観光地でライトアップイベントをおこない，夜間の集客を図ること。

(2) 複数の観光資源をつなぐ広域観光周遊ルートを定着させること。

(3) 伝統行事に観光客も参加可能にして，観光振興を図ること。

(4) 行政や旅行業者だけが担当していた情報発信を，地域住民や学生にも任せること。

(5) 歴史遺産のストーリーを一つの時代に限定していたことを，前後の時代へも時間軸を広げて紹介すること。

	(1)	(2)	(3)	(4)	(5)

観光資源の保護と保全①

①観光資源の保護　②持続可能な観光

 • 持続可能な観光の考え方について理解する。

基本問題

問　次の文章の下線部が正しい場合は○を，誤っている場合は解答群から正しいものを選び，記号で答えなさい。

(1)　その地域の許容量を超えるような大勢の観光客が訪れることで生じる問題を，<u>オーバーツーリズム</u>という。

(2)　都市部の価値観や生活様式などが観光地の文化にさまざまな影響を及ぼす<u>環境破壊</u>と呼ばれる現象も懸念されている。

(3)　地域の特性を活用し，観光地のもつさまざまな魅力を維持していこうとする観光のあり方を，持続可能な観光（<u>サスティナブル・ツーリズム</u>）という。

(4)　国際連合が定める<u>国連憲章</u>は，17の目標を定め，雇用創出や地域の文化・経済の発展につなげるという観光の役割を記している。

(5)　持続可能で誰もが参加できる観光の促進を目的とした国連専門機関を，<u>国連世界観光機関</u>（UNWTO）という。

【解答群】
ア．国連教育科学文化機関　　イ．SDGs　　ウ．マスツーリズム　　エ．エコツーリズム
オ．文化変容

(1)　　　　　(2)　　　　　(3)　　　　　(4)　　　　　(5)

応用問題

問　次の文章のうち，条件にあてはまるものにはAを，それ以外にはBを記入しなさい。

【条件】持続可能な観光

(1)　団体旅行を主流として，観光が一般大衆の間にも広がること。

(2)　大型のリゾート開発をおこない，大勢の観光客を誘致すること。

(3)　SDGsなどの社会的な課題の解決に向けたあり方を意識して，観光を進めること。

(4)　地域の自然や文化，産業などの地域資源の活用と保存の両立に取り組むこと。

(5)　地域の伝統文化を観光資源にするため，観光客向けに変化させること。

(1)　　　　　(2)　　　　　(3)　　　　　(4)　　　　　(5)

観光資源の保護と保全②

③行政の取り組み　④企業の取り組み

POINT ●持続観光な観光の実現を目指す行政や企業の取り組みを理解する。

基本問題

問1　次の文章の下線部が正しい場合は○を，誤っている場合は解答群から正しいものを選び，記号で答えなさい。

(1) 尾瀬では，<u>自然環境</u>の保護のため，自家用自動車の乗り入れが規制されている。

(2) 行政の取り組みとして，地域の<u>社会的基盤</u>を整備することも重要である。

(3) 京都市と京都市観光協会が主体となって，ドローンを活用して<u>顧客満足度</u>がスマートフォンなどで閲覧できるサービスを開始した。

(4) 行政のさまざまな取り組みは「観光の質」を高めるとともに，観光地の<u>資産価値</u>を高めることにもつながっている。

(5) 社会的に価値を創造するとともに，企業自身にも経済的な価値をもたらすことを，<u>市場価値</u>の創造という。

【解答群】

ア．文化遺産　　イ．観光快適度　　ウ．共通価値　　エ．リゾート開発

オ．ブランド価値

(1)	(2)	(3)	(4)	(5)

問2　次の文章の内容が正しい場合は○を，誤っている場合は×を記入しなさい。

(1) 行政は民間の企業と共同でプロジェクトに取り組むことはあるが，事業者や企業に対して規制をかけることはない。

(2) 観光振興を目指す行政は，観光資源の保護や管理などとともに，観光に関連する地域の産業の育成などに取り組んでいる。

(3) マスツーリズムが拡大した頃は，環境への配慮や伝統文化の継承などに対する企業の取り組みが重視されていた。

(4) 地球の環境の保護や保全に取り組み，社会的に価値を創造するとともに，企業自身にも経済的な価値をもたらすという考え方を SDGs ともいう。

(5) 企業は，行政や地域住民と一体となって，持続可能な観光に取り組まなければならない。

(1)	(2)	(3)	(4)	(5)

問1　次の文章を読み，問いに答えなさい。

　東京都と神奈川県を中心に鉄道事業などを営むA社では，2009（平成21）年から商品の売上高の一部を神奈川県箱根町に寄付する活動をおこなっている。この寄付金は，箱根町の自然景観や貴重な歴史的文化遺産等の保護・保全に用いられている。

　この取り組みは，(a)箱根町の自然環境や地域の魅力を保護・保全し，将来にわたる観光を維持していこうとするA社の考えの表れであり，箱根町に寄付するという行為は⬚といえる。また，都心から箱根に向かう観光客はA社にとって顧客でもあるため，箱根の自然環境や歴史的文化遺産等の保護という(b)社会的な価値の創造と同社の経済的な利益の確保が両立しているといえる。

(1)　下線部(a)を何というか，最も適切なものを次のなかから一つ選びなさい。

　　ア．オーバーツーリズム　　イ．マスツーリズム　　ウ．サスティナブル・ツーリズム

(2)　文中の⬚にあてはまる語句として，最も適切なものを次のなかから一つ選びなさい。

　　ア．企業と企業の連携　　イ．行政と観光協会の連携　　ウ．企業と行政の連携

(3)　下線部(b)を何というか，最も適切なものを次のなかから一つ選びなさい。

　　ア．ブランド価値の向上　　イ．共通価値の創造　　ウ．利益至上主義

(1)　　　　　　　　(2)　　　　　　　　(3)

問2　次の文章のうち，条件にあてはまるものにはAを，それ以外にはBを記入しなさい。

【条件】持続観光な観光のための行政の取り組み

(1)　観光地の環境保全のため，1日あたりの観光客数の制限を設ける。

(2)　ゴミの不法投棄や私有地への進入禁止などの看板の設置や，マナー啓発リーフレットの作成・配布などをおこなう。

(3)　事業活動を通じて得た利益の一部を観光地の自然環境の保護・保全のために寄附する。

(4)　観光客にとって快適な宿泊サービスを提供する。

(5)　観光資源や周辺エリアの混雑状況を把握し，比較的空いている観光ルートなどを提案して，観光客の分散を図る。

(1)　　　　　　(2)　　　　　　(3)　　　　　　(4)　　　　　　(5)

観光政策の動向①
①観光政策とは　②さまざまな行政組織

　•観光振興の基盤に観光立国推進基本法があることを理解する。

基本問題

問1　次の文章の空欄にあてはまる語句を解答群から選び，記号で答えなさい。

(1)　日本で観光政策の方向性が最初に示されたのは，1963（昭和38）年に制定された（　①　）である。

(2)　日本の現在の観光政策は，2007（平成19）年に施行された（　②　）が基盤になっている。

(3)　（②）が施行された1年後に，（　③　）が発足した。

(4)　さまざまな行政機関が連携して観光政策に取り組むために，2013（平成25）年から（　④　）が開催されている。

(5)　2016（平成28）年に「明日の日本を支える観光ビジョン」が策定され，（　⑤　）を目指すことが唱えられた。

(6)　テレワークを活用して，リゾート地などで余暇を楽しみながら仕事をおこなうことを（　⑥　）という。

【解答群】

ア．観光立国推進基本法　　イ．観光庁　　　ウ．ワーケーション　　　エ．観光基本法

オ．観光先進国　　　カ．観光立国推進閣僚会議

①……………　②……………　③……………　④……………　⑤……………　⑥……………

問2　観光立国推進基本法の施策について，次の(1)〜(4)と対応するものを，解答群からそれぞれ選びなさい。

(1)　魅力ある観光地の形成

(2)　国際競争力の強化

(3)　国際観光の振興

(4)　環境の整備

【解答群】

ア．観光振興を担う人材の育成　　イ．観光客の安全の確保

ウ．観光施設の総合的な整備　　　エ．国際相互交流の促進

(1)……………　(2)……………　(3)……………　(4)……………

問　次の文章を読み，問いに答えなさい。

　訪日外国人旅行者の増加を目指し，わが国では 1997（平成 9）年に　①　が施行された。さらに，(a)2003（平成 15）年から観光立国実現に向けてさまざまな取り組みが開始され，2007（平成 19）年に観光立国推進基本法が施行された。この法律に基づいて多くの観光政策が実施されているが，そのさい政策の根拠となる法律は多種多様となっている。たとえば，海外旅行については旅券法や　②　，　③　については自然環境保護法や温泉法，飲食業については食品衛生法などが政策の根拠となる。

　また，関係する行政の組織も多岐にわたり，たとえば(b)訪日外国人旅行者に対する企画やプロモーションを担う省庁と，(c)レジャー産業の振興などを担う省庁は異なっている。そこで，2013（平成 25）年から，(d)全閣僚が参加して観光立国の実現に向けた施策を検討するための会議が開催され，さまざまな行政機関が連携して観光政策に取り組んでいる。

(1)　文中の　①　にあてはまる語句として，最も適切なものを次のなかから一つ選びなさい。

　　ア．外客誘致法　　イ．観光基本法　　ウ．総合保養地域整備法

(2)　下線部(a)の取り組みについて，最も適切なものを次のなかから一つ選びなさい。

　　ア．90 年代観光振興行動計画　　イ．ウェルカムプラン 21

　　ウ．ビジット・ジャパン・キャンペーン

(3)　文中の　②　にあてはまる語句として，最も適切なものを次のなかから一つ選びなさい。

　　ア．関税法　　イ．旅館業法　　ウ．文化財保護法

(4)　文中の　③　にあてはまる語句として，最も適切なものを次のなかから一つ選びなさい。

　　ア．観光施設の充実　　イ．観光資源の保護　　ウ．観光事業の促進

(5)　下線部(b)の省庁として，最も適切なものを次のなかから一つ選びなさい。

　　ア．外務省　　イ．文化庁　　ウ．観光庁

(6)　下線部(c)の省庁として，最も適切なものを次のなかから一つ選びなさい。

　　ア．農林水産省　　イ．経済産業省　　ウ．法務省

(7)　下線部(d)の会議として，最も適切なものを次のなかから一つ選びなさい。

　　ア．明日の日本を支える観光ビジョン構想会議　　イ．観光立国推進閣僚会議

　　ウ．デジタル田園都市国家構想実現会議

(1)	(2)	(3)	(4)	(5)	(6)	(7)

観光政策の動向②

第1節

③地方自治体の観光政策　④観光計画の設定

POINT　• 観光振興を目的とした条例の制定と観光計画について理解する。

基本問題

問1　次の文章の空欄にあてはまる語句を解答群から選び，記号で答えなさい。

(1)　日本で最初に観光振興を目的とした条例を定めたのは（　①　）である。

(2)　地域の特性を活かすという（　②　）の定めを受けて，観光振興を目的とした条例には名称に工夫をこらしたものが多い。

(3)　（　③　）の観光振興条例では，観光の振興に寄与する人材の育成にあたり，大学等の連携を重視する旨を定めている。

(4)　地方自治体の観光政策として，地域の特性を活かした魅力づくりや観光資源の保護と保全，（　④　）の発信や受入体制の整備などがおおむね共通して定められている。

(5)　多くの地方自治体では，地域としてどのような観光振興に取り組んでいくのかを定めた（　⑤　）を策定している。

【解答群】

ア．観光情報　　イ．神奈川県　　ウ．観光計画　　エ．沖縄県

オ．観光立国推進基本法

①　　　　　②　　　　　③　　　　　④　　　　　⑤

問2　次の文章の内容が正しい場合は〇を，誤っている場合は×を記入しなさい。

(1)　条例とは，地方公共団体が法令の範囲内で議会の議決により制定する法形式の名称のことである。

(2)　地方自治体はそれぞれ観光振興に取り組んでいるが，地方自治体の壁があるため，複数の都道府県や市町村にまたがる広域的な観光ルートやプロモーションの展開はみられない。

(3)　観光計画には，目標とする数値，施策の優先度や重要性，そして実施する施策の時期や内容などが主に定められている。

(4)　市町村レベルでは，観光振興に関する条例は定めていなくても，観光計画を立案している場合が少なくない。

(5)　観光計画を実施するさいは，所定の期間終了後に観光計画と実績をチェックし，その差異の原因分析をおこなうが，それをもとに改善を図る必要はない。

(1)　　　　　(2)　　　　　(3)　　　　　(4)　　　　　(5)

問1　次の文章を読み，問いに答えなさい。

2016（平成28）年度に川越市が策定した(a)観光計画では，計画期間を10年とし，観光客数・観光客のリピーターの割合・外国人観光客数の割合・宿泊観光客の割合・平均観光消費額などの目標数値を定めている。さらに，目標達成のための具体的な施策とその順序なども定めている。この観光計画に基づいてさまざまな施策を実行し，(b)策定から10年後に計画期間が終了した段階で，必要な措置をとったうえで，また新たな観光計画を策定していくことになる。このように地方自治体の観光政策の多くは，計画を立案した後に実行・チェック・改善をおこなう(c)サイクルを描いている。

(1)　下線部(a)を定める理由として，最も適切なものを次のなかから一つ選びなさい。

　　ア．観光計画をあらかじめ定めていないと訪日外国人旅行者に観光地として認知されず，観光振興を図ることが難しくなるため。

　　イ．観光にはさまざまな分野の人間が多く関わるため，あらかじめ観光計画を立案し，政策や施策について定めていないと資源や時間のムダになりかねないため。

　　ウ．広域的な観光ルートを整備するさいに，あらかじめ観光計画を策定していないとほかの地方自治体から連携を断られるため。

(2)　下線部(b)の説明として，最も適切なものを次のなかから一つ選びなさい。

　　ア．目標としていた数値と実際の数値を比較して，その差異がなぜ生じたのかを分析し，改善を図る。

　　イ．計画の実行はスピード感をもっておこなうことが大切なので，実績の評価よりも，すぐに新たな観光計画を策定する。

　　ウ．成功したと思われる施策のみ次の観光計画に取り込んでいき，うまくいかなかった施策は今後実施しないようにする。

(3)　下線部(c)を何というか，最も適切なものを次のなかから一つ選びなさい。

　　ア．PDCAサイクル　　イ．景気循環サイクル　　ウ．ライフサイクル

(1)................　(2)................　(3)................

問2　次の(1)～(3)に該当する観光振興条例を定めた県を解答群から選び，記号で答えなさい。

(1)　四国の遍路文化によって培われたお接待の心による観光振興を図る目的で制定した。

(2)　萩のまち全体を一つの博物館として捉え，都市遺産の保存と活用を図るために制定した。

(3)　日本で最初に観光振興を目的とした条例を制定した。

【解答群】

　　ア．山口県　　イ．沖縄県　　ウ．愛媛県

(1)................　(2)................　(3)................

観光振興の組織①

①観光協会の活動

POINT　　●観光協会の活動と課題について理解する。

▎基本問題

問1　次の文章の空欄にあてはまる語句を解答群から選び，記号で答えなさい。

⑴　観光協会とは，行政と密接な関係を持ちつつ（　①　）の担い手となる民間団体の総称である。

⑵　観光協会の法人形態として最も多いのは（　②　）である。

⑶　多くの観光協会には，（　③　）と人材育成に制約がある。

⑷　海外のDMOという組織では，戦略的な計画策定をおこなったうえで，プロモーション活動など（　④　）活動をおこない，観光に関する諸活動を調整している。

⑸　観光によって地域社会に利益をもたらすためのマーケティングに重点に置いた戦略の策定・実施などの（　⑤　）をおこなう海外のDMOを参考に，日本版DMOの形成・確立が進められた。

【解答群】

ア．観光地経営　　イ．一般社団法人　　ウ．マーケティング　　エ．観光振興

オ．資金繰り

①　　　　　　②　　　　　　③　　　　　　④　　　　　　⑤

問2　次の文章の内容が正しい場合は〇を，誤っている場合は×を記入しなさい。

⑴　DMOのMとは，Marketingのみを指す。

⑵　観光協会は国や地方自治体と交通機関・宿泊業・飲食業など民間の観光関連の事業者との間に立って，観光振興をながらく担ってきた。

⑶　全国各地の観光協会の間では，明確な地域分担と役割分担がなされてきた。

⑷　日本では法人格をもつ観光協会が少なく，多くの観光協会が行政や補助金に依存する状況が続いていた。

⑸　海外のDMOの役割の一つに，人材育成や商品開発など持続可能な環境の整備がある。

(1)　　　　　(2)　　　　　(3)　　　　　(4)　　　　　(5)

問1　次の文章を読み，問いに答えなさい。

　観光協会とは，観光ビジネスを担う事業者を中心に構成された団体であり，観光連盟・観光まちづくり協会・観光コンベンション協会・観光物産協会などさまざまな名称がある。これらの観光協会を統括する(a)上部組織もあり，観光旅行の安全確保や利便の増進などのために活動している。こうした観光協会がこれまで果たしてきた功績はいうまでもない。しかし，その一方で(b)さまざまな問題点が指摘されていた。

　そうした問題点を克服する組織として，(c)海外で観光振興の主役となってきた組織がある。この組織ではデータの収集や分析，戦略の策定や(d)計画・実行・チェック・改善の繰り返しによる管理を運営に取り込み，観光振興に取り組んでいる。

(1)　下線部(a)の名称として，最も適切なものを次のなかから一つ選びなさい。

　　ア．観光庁　　イ．日本観光振興協会　　ウ．観光立国推進閣僚会議

(2)　下線部(b)の内容として，最も適切なものを次のなかから一つ選びなさい。

　　ア．役割分担や地域分担が明確になされていないため，同じような観光に関する情報が複数の団体から提供されていたり，観光客の行動範囲と観光協会の活動がリンクしていなかったりすることが多々みられること。

　　イ．観光協会の多くは行政にさまざまな面で支援を受けているほか，イベント収入や駐車場経営などから得られる収入に極端に依存しているので，財務的な基盤がぜい弱であること。

　　ウ．観光振興のためにはデータの収集や分析が必要不可欠で，観光協会にはデータ分析の専門家は多数存在するが，データの収集をするためには人手が足りないこと。

(3)　下線部(c)を何というか，最も適切なものを次のなかから一つ選びなさい。

　　ア．LCC　　イ．KPI　　ウ．DMO

(4)　下線部(d)を何というか，最も適切なものを次のなかから一つ選びなさい。

　　ア．SWOT分析　　イ．PDCAサイクル　　ウ．STP分析

(1)	(2)	(3)	(4)

問2　ハワイ州観光局の説明として，最も適切なものを次のなかから一つ選びなさい。

　ア．旅行支出の多い観光客の増加を最優先に考えたマーケティングを展開している。

　イ．ホテルの宿泊税を財源の一部とし，データの収集・分析を専門におこなう組織である。

　ウ．ハワイの自然や文化，地域社会などを守りながら観光を進めるための戦略を策定している。

観光振興の組織②

②日本における DMO 登録制度　③観光地域づくり法人のマネジメント
④観光地域づくり法人のマーケティング

POINT　●日本における DMO の役割と制度について理解する。

基本問題

問1　次の文章の空欄にあてはまる語句を解答群から選び，記号で答えなさい。

⑴　日本における DMO は，（　①　）とも称される。

⑵　DMO の目的は国や地域によって異なるが，日本では「マネジメント」や「（　②　）」を
おこなうことで，地域全体の利益を向上させ，地域活性化につなげることが期待されている。

⑶　日本の DMO がマネジメントをおこなうさいには，地域の社会的使命などを定めた
（　③　），具体的な将来像を示したビジョン，観光客に提供する（　④　）を設定し，地域
で共有することから始まる。

⑷　業績評価のための重要な指標のことを（　⑤　）という。

【解答群】

ア．価値　　イ．観光地域づくり法人　　ウ．KPI　　エ．ミッション
オ．マーケティング

①　　　　　　　　②　　　　　　　　③　　　　　　　　④　　　　　　　　⑤

問2　次の文章の内容が正しい場合は〇を，誤っている場合は×を記入しなさい。

⑴　日本における DMO は，地域に根ざして観光振興を担う法人であれば登録申請が可能で，
文化庁による審査などを経て登録される。

⑵　2020（令和2）年より「日本版 DMO」から「登録 DMO」へ名称が変更となった。

⑶　DMO が展開するマーケティングでは，地域資源のなかから新しい価値を見出すことが起
点となり，市場調査は重要ではない。

⑷　DMO は独立自営が原則なので，観光庁をはじめとする関係省庁も特段の支援はおこなっ
ていない。

⑸　DMO のマーケティングでは，地域のブランドを確立し，観光客のリピート化を図ること
が目標となる。

(1)　　　　　　　(2)　　　　　　　(3)　　　　　　　(4)　　　　　　　(5)

問1 次の文章を読み，問いに答えなさい。

　瀬戸内海を囲む7県（兵庫県，岡山県，広島県，山口県，徳島県，香川県，愛媛県）の観光産業を活性化するため，「一般社団法人せとうち観光推進機構」（せとうちDMO）が官民によって設立されている。(a)2017（平成29）年に日本版DMO（現在は登録DMO）に登録されており，「瀬戸内を，世界中の誰もが憧れ，また地域の誰もが誇りを持てる世界有数のデスティネーションに地域とともに創り上げ，地方創生を実現」することを(b)使命に掲げて活動している。また，「人も自然ものびやかな瀬戸内に国内外のファンが絶えず訪れている」などを(c)目指す姿として挙げている。

　こうした地域のあり方を実現するため，旅行消費額，延べ宿泊者数，来訪者満足度，リピーター率が＿＿＿として設定された。この指標に基づき，せとうちDMOは活動内容の確認・改善をおこなっている。

(1) 下線部(a)について，せとうちDMOはどれに分類されるか，最も適切なものを次のなかから一つ選びなさい。

　ア．広域連携DMO　　イ．地域連携DMO　　ウ．地域DMO

(2) 下線部(b)を何というか，最も適切なものを次のなかから一つ選びなさい。

　ア．経営目標　　イ．ミッション　　ウ．ビジョン

(3) 下線部(c)を何というか，最も適切なものを次のなかから一つ選びなさい。

　ア．経営目標　　イ．ミッション　　ウ．ビジョン

(4) 文中の＿＿＿にあてはまる語句として，最も適切なものを次のなかから一つ選びなさい。

　ア．CPI　　イ．API　　ウ．KPI

(1)＿＿＿＿＿　(2)＿＿＿＿＿　(3)＿＿＿＿＿　(4)＿＿＿＿＿

問2 次の文章を読み，問いに答えなさい。

　観光振興に取り組むさいは，(a)その地域の特色を活かしてほかの地域との差別化を図り，地域のもつ価値を広く認識してもらうことが大切になる。「ここに行けば間違いない」といった安心感や信頼が，(b)くり返し地域を訪れる観光客を獲得することにもつながる。

(1) 下線部(a)を何というか，最も適切なものを次のなかから一つ選びなさい。

　ア．地域ブランドの確立　　イ．雇用の創出　　ウ．的確な市場調査

(2) 下線部(b)の業績評価の指標として，最も適切なものを次のなかから一つ選びなさい。

　ア．観光消費額　　イ．リピート率　　ウ．住民満足度

(1)＿＿＿＿＿　(2)＿＿＿＿＿

観光ビジネスの主体①

①観光ビジネスの分類　②発地側と着地側

・観光ビジネスの分類について理解する。

【基本問題】

問1　次の文章の空欄にあてはまる語句を解答群から選び，記号で答えなさい。

(1)　観光の媒介は，情報通信業や旅行業などの（　①　）の媒介と，旅客輸送業などの（　②　）の媒介に分けられる。

(2)　観光施設には，食事や買い物をする施設やホテルや旅館などの（　③　），テーマパークや動物園などの娯楽・文化施設などがある。

(3)　旅行業がおこなうビジネスには，支店での窓口対応や（　④　）の提案，旅行への同行や宿泊施設や交通機関の手配などがある。

(4)　（　⑤　）とは，観光地への出発前に観光客が居住している場所のことをいう。

【解答群】

ア．旅行プラン　　イ．情報　　ウ．宿泊施設　　エ．発地側　　オ．物理的な距離

①................　②................　③................　④................　⑤................

問2　次の文章のうち，条件にあてはまるものにはAを，それ以外にはBを記入しなさい。

【条件】観光の媒介

(1)　ガイドブックの発行　　(2)　テーマパークの経営　　(3)　飛行機の運航

(4)　旅館の経営　　(5)　旅行サイトの運営

(1)................　(2)................　(3)................　(4)................　(5)................

問3　次の文章のうち，適切なものを一つ選びなさい。

ア．すべての観光ビジネスは発地側と着地側に明確に分類することが可能であり，例外はない。

イ．観光客は観光地へ到着するまでの間にさまざまな商品やサービスを購入するが，これらはすべて着地側の観光ビジネスによるものである。

ウ．観光客は，観光地に到着してから居住している場所へ帰るまでの間に，さまざまな商品やサービスを購入するが，これらは着地側の観光ビジネスによるものといえる。

....

問1　次の文章を読み，問いに答えなさい。

　観光を構成する要素として，まず観光客（観光の主体）と，(a)観光資源や観光施設などの観光対象，そして(b)実際に観光地に行くための手段が必要となる。さらに，(c)観光客を呼び込むために，情報の媒介も重要となる。

(1)　下線部(a)を観光客から見たときの分類として，最も適切なものを次のなかから一つ選びなさい。

　　ア．発地側　　　イ．積地側　　　ウ．着地側

(2)　下線部(b)のビジネスの担当者として，最も適切なものを次のなかから一つ選びなさい。

　　ア．情報通信業　　　イ．旅客輸送業　　　ウ．宿泊業

(3)　下線部(c)の説明として，最も適切なものを一つ選びなさい。

　　ア．観光動機を喚起するためには，観光対象についての情報を提供する必要があること。

　　イ．観光を成立させるためには，観光客と直接関わりのない事業者の存在も重要だということ。

　　ウ．観光客が安全に観光できるよう，法整備などを整える必要があること。

(1)　……………………　(2)　……………………　(3)　……………………

問2　観光ビジネスを支える仕事の説明として，最も適切なものを次のなかから一つ選びなさい。

　　ア．観光ビジネスを支える仕事は宿泊業と飲食業に限定されており，それ以外の業種は関係しない。

　　イ．観光ビジネスを支える仕事のなかには，観光客とは直接関わらないものも多くある。

　　ウ．観光ビジネスを支える仕事は，ほとんどが観光客とは直接関わりのない業種となる。

……………………

第1節 観光ビジネスの主体②
③旅行業とは　④旅行業の扱う商品

POINT　• 旅行業のビジネスモデルと扱う商品について理解する。

| 基本問題 |

問1　次の文章の空欄にあてはまる語句を解答群から選び，記号で答えなさい。

(1)　旅行業の業務のうち，旅行の企画・実施や交通，宿泊の手配等を（　①　）という。

(2)　旅行業の仲介には三つのかたちがあり，まず鉄道事業者から代理権を得て，観光客に座席を販売するような（　②　）がある。二つ目に，観光客の名前で宿泊できるようホテルや旅館を紹介し，観光客自身で実際の予約や支払いをおこなってもらう（　③　）がある。三つ目に，観光客から依頼を受けて，旅行業者の名前で予約をおこなう（　④　）がある。

(3)　旅行業の商品のうち，顧客が希望する旅行内容にもとづき，宿泊施設や交通手段のサービスを受けられるように，予約や手配をおこなうことを（　⑤　）という。

【解答群】

　ア．媒介　　イ．手配旅行　　ウ．基本的旅行業務　　エ．代理　　オ．取次

①	②	③	④	⑤

問2　次の文章の下線部が正しい場合は○を，誤っている場合は解答群から正しいものを選び，記号で答えなさい。

(1)　あらかじめ旅行業者が旅行の目的地や日程，利用する交通手段や宿泊施設などを決めてつくったツアーを販売することを<u>手配旅行</u>という。

(2)　旅行業者に依頼して，依頼を受けた旅行業者が依頼者の要望にあった内容の計画を考える旅行のことを<u>受注型企画旅行</u>という。

(3)　観光地までの交通手段や宿泊施設を，観光客が自由に組み合わせることができる旅行商品を<u>パッケージツアー</u>という。

(4)　旅行者の依頼による旅程や費用の見積もり作成などの業務は，<u>付随的旅行業務</u>にあたる。

(5)　観光客から依頼を受けて，旅行業者の名前で貸切バスを予約する場合，<u>旅行業者</u>が契約の当事者となる。

【解答群】

　ア．旅行相談　　イ．観光客　　ウ．ダイナミックパッケージ　　エ．企画旅行
　オ．募集型企画旅行

(1)	(2)	(3)	(4)	(5)

問1　次の文章を読み，問いに答えなさい。

　Aさんは夏休みの期間を利用して京都へ観光に行きたいと考え，駅前にある旅行業者の店舗へ行くことにした。店舗には(a)さまざまなパンフレットが置いてあり，旅行の目的地や日程，利用する交通手段や宿泊施設，旅行代金などが定められたツアーが記載されていた。

　Aさんが店舗で京都への観光を考えていることを話すと，ツアーのほかに，(b)観光客の依頼による費用の見積もりなどの相談にも応じてくれるとのことだった。また，この店舗では，(c)Aさんの希望を聞いたうえで，宿泊施設や交通機関の予約などもしてくれるそうである。そこで，Aさんは自宅に帰って両親と相談してから，再びその旅行業者の店舗を訪れることにした。

(1)　下線部(a)に記載されている旅行業者の商品として，最も適切なものを次のなかから一つ選びなさい。

　　ア．パック旅行　　　イ．受注型企画旅行　　　ウ．ダイナミックパッケージ

(2)　下線部(b)の旅行業者の業務は何か，最も適切なものを次のなかから一つ選びなさい。

　　ア．基本的旅行業務　　　イ．付随的旅行業務　　　ウ．旅行相談業務

(3)　下線部(c)のような旅行業者の商品として，最も適切なものを次のなかから一つ選びなさい。

　　ア．手配旅行　　　イ．企画旅行　　　ウ．海外旅行

(1)	(2)	(3)

問2　旅行業の主たる収入の説明として，最も適切なものを次のなかから一つ選びなさい。

　ア．旅行業の主たる収入は，国や地方自治体からの補助金である。

　イ．旅行業の主たる収入は，仲介によって受け取る手数料である。

　ウ．旅行業の主たる収入は，土産物の販売による売上高である。

観光ビジネスの主体③

第1節

⑤旅行業の種類　⑥旅行業にかかわる規則

POINT

• 旅行業の種類と旅行業法の概要について理解する。

基本問題

問1　次の文章の空欄にあてはまる語句を解答群から選び，記号で答えなさい。

(1) 国内および海外への企画旅行と手配旅行を取り扱うことのできる旅行業のことを（　①　）という。

(2) 国内の募集型企画旅行・海外および国内の受注型企画旅行，手配旅行は取り扱えるが海外への募集型企画旅行は取り扱うことができない旅行業を（　②　）という。

(3) 第3種旅行業とは，地域的に旅行できる範囲を限定した国内の（　③　），海外および国内の受注型企画旅行と手配旅行を取り扱うことができる旅行業である。

(4) 旅行業の営業所がある市町村と，その市町村に隣り合う市町村など範囲を限定して，国内の企画旅行や手配旅行を取り扱うことができる旅行業は，（　④　）である。

(5) 他の旅行業が取り扱う企画旅行や手配旅行を代理販売できる旅行業は（　⑤　）である。

【解答群】

　ア．第2種旅行業　　イ．募集型企画旅行　　ウ．第1種旅行業　　エ．旅行業者代理業者
　オ．地域限定旅行業

①＿＿＿＿＿　②＿＿＿＿＿　③＿＿＿＿＿　④＿＿＿＿＿　⑤＿＿＿＿＿

問2　次の文章の下線部が正しい場合は○を，誤っている場合は解答群から正しいものを選び，記号で答えなさい。

(1) パッケージツアーを最初に扱ったとされる人物は，岩倉具視とされている。

(2) 旅行業の業務や区分などは，すべて旅行業法に定められている。

(3) 地域の観光資源を活かした旅行商品のことを発地型旅行商品という。

(4) 旅行業者と旅行業務取扱管理者を総称して，旅行業者等という。

(5) 地域限定旅行業は，他社が扱う海外および国内の募集型企画旅行の代理販売もできる。

【解答群】

　ア．道路運送法　　イ．着地型　　ウ．トーマス・クック
　エ．旅行業者代理業者　　オ．受注型企画旅行

(1)＿＿＿＿＿　(2)＿＿＿＿＿　(3)＿＿＿＿＿　(4)＿＿＿＿＿　(5)＿＿＿＿＿

【商業 739】観光ビジネス　ワークブック

別冊解答

東京法令出版

第1章 観光とビジネス

第1節 観光とビジネス①

（ワークブック p.4〜p.5）

基本問題

問1 ①ウ ②オ ③ア ④イ ⑤エ
問2 (1)オ (2)○ (3)ア (4)イ (5)○

応用問題

問1 (1)イ (2)イ (3)ウ
問2 ア

第1節 観光とビジネス②

（ワークブック p.6〜p.7）

基本問題

問1 ①エ ②オ ③ア ④イ ⑤ウ
問2 (1)ア (2)○ (3)○ (4)オ (5)○

応用問題

問1 (1)ウ (2)イ
問2 ①イ ②ア ③ウ

第2節 観光ビジネスの動向①

（ワークブック p.8〜p.9）

基本問題

問1 ①オ ②ウ ③エ ④イ ⑤ア
問2 (1)エ (2)○ (3)○ (4)オ (5)○

応用問題

問1 イ
問2 ア
問3 ウ
問4 ウ

第2節 観光ビジネスの動向②

（ワークブック p.10〜p.11）

基本問題

問1 ①エ ②イ ③ウ ④ア
問2 (1)× (2)○ (3)○ (4)× (5)×

応用問題

問1 (1)ア (2)ウ (3)ア
問2 イ

第2章 観光資源

第1節 観光資源の分類

（ワークブック p.12〜p.13）

基本問題

問1 ①ウ ②オ ③ア ④エ ⑤イ
問2 (1)オ (2)○ (3)○ (4)エ (5)○
問3 ウ

応用問題

問1 (1)イ (2)ア (3)ウ
問2 ウ

第2節 国内の観光資源①

（ワークブック p.14〜p.15）

基本問題

問1 ①エ ②イ ③ア ④オ ⑤ウ
問2 (1)○ (2)× (3)× (4)× (5)○

応用問題

問1 (1)ア (2)ウ (3)ウ
問2 ウ

第2節 国内の観光資源②

（ワークブック p.16〜p.17）

基本問題

問1 ①オ ②ウ ③エ ④ア ⑤イ
問2 (1)× (2)× (3)○ (4)× (5)○

応用問題

問1 (1)イ (2)イ (3)ア
問2 ウ

第2節 国内の観光資源③

（ワークブック p.18〜p.19）

基本問題

問1 ①ウ ②エ ③ア ④オ ⑤イ
問2 (1)○ (2)エ (3)○ (4)ウ (5)○

応用問題

問1 (1)ウ (2)ア (3)ウ (4)イ
問2 イ

（ワークブック p.20〜p.21）

第2節　国内の観光資源④

基本問題

問1　①ウ　②オ　③エ　④ア　⑤イ

問2　(1)×　(2)○　(3)×　(4)○　(5)×

応用問題

問1　(1)ア　(2)イ　(3)イ

問2　ウ

第2節　国内の観光資源⑤

（ワークブック p.22〜p.23）

基本問題

問1　①ア　②オ　③ウ　④エ　⑤イ

問2　(1)エ　(2)○　(3)○　(4)ウ　(5)○

応用問題

問1　ウ

問2　(1)イ　(2)ア　(3)ウ

第2節　国内の観光資源⑥

（ワークブック p.24〜p.25）

基本問題

問1　①ウ　②オ　③ア　④エ　⑤イ

問2　(1)×　(2)○　(3)×　(4)○　(5)○

応用問題

問1　イ

問2　(1)ウ　(2)ウ　(3)ア

第2節　国内の観光資源⑦

（ワークブック p.26〜p.27）

基本問題

問1　①エ　②ウ　③ア　④オ　⑤イ

問2　(1)×　(2)×　(3)○　(4)×　(5)×

応用問題

問1　イ

問2　(1)ア　(2)ウ　(3)ウ

第2節　国内の観光資源⑧

（ワークブック p.28〜p.29）

基本問題

問1　①エ　②ア　③オ　④イ　⑤ウ

問2　(1)×　(2)○　(3)○　(4)×　(5)○

応用問題

問1　(1)ア　(2)イ　(3)ア

問2　イ

第3節　観光資源の魅力を高める方策

（ワークブック p.30）

基本問題

問　(1)ウ　(2)○　(3)オ　(4)エ　(5)○

応用問題

問　(1)B　(2)A　(3)B　(4)B　(5)A

第4節　観光資源の保護と保全①

（ワークブック p.31）

基本問題

問　(1)○　(2)オ　(3)○　(4)イ　(5)○

応用問題

問　(1)B　(2)B　(3)A　(4)A　(5)B

第4節　観光資源の保護と保全②

（ワークブック p.32〜p.33）

基本問題

問1　(1)○　(2)○　(3)イ　(4)オ　(5)ウ

問2　(1)×　(2)○　(3)×　(4)×　(5)○

応用問題

問1　(1)ウ　(2)ウ　(3)イ

問2　(1)A　(2)A　(3)B　(4)B　(5)A

第3章　観光政策

第1節　観光政策の動向①

（ワークブック p.34〜p.35）

基本問題

問1　①エ　②ア　③イ　④カ　⑤オ
　　　⑥ウ

問2　(1)ウ　(2)ア　(3)エ　(4)イ

応用問題

問　(1)ア　(2)ウ　(3)ア　(4)イ　(5)ウ
　　　(6)イ　(7)イ

（ワークブック p.36〜p.37）

| 基本問題 |

問1 ①エ ②オ ③イ ④ア ⑤ウ
問2 (1)○ (2)× (3)○ (4)○ (5)×

| 応用問題 |

問1 (1)イ (2)ア (3)ア
問2 (1)ウ (2)ア (3)イ

第2節 観光振興の組織①

（ワークブック p.38〜p.39）

| 基本問題 |

問1 ①エ ②イ ③オ ④ウ ⑤ア
問2 (1)× (2)○ (3)× (4)○ (5)○

| 応用問題 |

問1 (1)イ (2)ア (3)ウ (4)イ
問2 ウ

第2節 観光振興の組織②

（ワークブック p.40〜p.41）

| 基本問題 |

問1 ①イ ②オ ③エ ④ア ⑤ウ
問2 (1)× (2)○ (3)× (4)× (5)○

| 応用問題 |

問1 (1)ア (2)イ (3)ウ (4)ウ
問2 (1)ア (2)イ

第4章 観光ビジネスとマーケティング

第1節 観光ビジネスの主体①

（ワークブック p.42〜p.43）

| 基本問題 |

問1 ①イ ②オ ③ウ ④ア ⑤エ
問2 (1)A (2)B (3)A (4)B (5)A
問3 ウ

| 応用問題 |

問1 (1)ウ (2)イ (3)ア
問2 イ

第1節 観光ビジネスの主体②

（ワークブック p.44〜p.45）

| 基本問題 |

問1 ①ウ ②エ ③ア ④オ ⑤イ
問2 (1)エ (2)○ (3)ウ (4)ア (5)○

| 応用問題 |

問1 (1)ア (2)ウ (3)ア
問2 イ

第1節 観光ビジネスの主体③

（ワークブック p.46〜p.47）

| 基本問題 |

問1 ①ウ ②ア ③イ ④オ ⑤エ
問2 (1)ウ (2)○ (3)イ (4)エ (5)○

| 応用問題 |

問1 (1)ウ (2)イ (3)ア
問2 イ

第1節 観光ビジネスの主体④

（ワークブック p.48〜p.49）

| 基本問題 |

問1 ①エ ②ア ③オ ④ウ ⑤イ
問2 (1)○ (2)エ (3)ア (4)○ (5)イ

| 応用問題 |

問1 (1)イ (2)イ
問2 (1)イ (2)ウ

第1節 観光ビジネスの主体⑤

（ワークブック p.50〜p.51）

| 基本問題 |

問1 ①イ ②オ ③ウ ④エ ⑤ア
問2 (1)ウ (2)○ (3)イ (4)エ (5)○

| 応用問題 |

問1 (1)ア (2)ウ (3)イ
問2 (1)ア (2)ア

第1節 観光ビジネスの主体⑥

（ワークブック p.52〜p.53）

| 基本問題 |

問1 ①エ ②イ ③オ ④ア ⑤ウ

問2　(1)○　(2)ア　(3)エ　(4)○　(5)○

応用問題
問1　(1)ウ　(2)ア
問2　ア
問3　ウ

第**1**節　**観光ビジネスの主体⑦**
（ワークブック p.54〜p.55）

基本問題
問1　①ウ　②エ　③オ　④イ　⑤ア
問2　(1)A　(2)A　(3)B　(4)A　(5)B

応用問題
問1　(1)イ　(2)イ　(3)ア
問2　イ
問3　ウ

第**1**節　**観光ビジネスの主体⑧**
（ワークブック p.56〜p.57）

基本問題
問1　①オ　②エ　③ア　④イ　⑤ウ
問2　(1)ア　(2)オ　(3)エ　(4)○　(5)イ

応用問題
問　(1)ウ　(2)イ　(3)ウ　(4)ア

第**1**節　**観光ビジネスの主体⑨**
（ワークブック p.58〜p.59）

基本問題
問1　①ウ　②エ　③ア　④イ　⑤オ
問2　(1)A　(2)B　(3)A　(4)A　(5)B
問3　イ

応用問題
問1　(1)イ　(2)ア　(3)イ　(4)ウ
問2　ウ

第**1**節　**観光ビジネスの主体⑩**
（ワークブック p.60〜p.61）

基本問題
問1　①エ　②ア　③ウ　④イ　⑤オ
問2　(1)ウ　(2)○　(3)○　(4)エ　(5)○

応用問題
問1　(1)イ　(2)ア　(3)ウ　(4)イ
問2　ウ

第**1**節　**観光ビジネスの主体⑪**
（ワークブック p.62〜p.63）

基本問題
問1　①ウ　②ア　③オ　④エ　⑤イ
問2　(1)イ　(2)○　(3)エ　(4)○　(5)ウ

応用問題
問1　(1)ウ　(2)イ　(3)ア
問2　イ

第**1**節　**観光ビジネスの主体⑫**
（ワークブック p.64〜p.65）

基本問題
問1　①エ　②イ　③オ　④ア　⑤ウ
問2　(1)○　(2)○　(3)オ　(4)○　(5)ウ
問3　(1)×　(2)○　(3)×　(4)○　(5)×

応用問題
問1　イ
問2　ア

第**2**節　**観光ビジネスにおける
マーケティングの特徴①**
（ワークブック p.66〜p.67）

基本問題
問1　①オ　②ア　③ウ　④イ　⑤エ
問2　(1)B　(2)A　(3)B　(4)A　(5)B
問3　イ

応用問題
問　(1)ア　(2)イ　(3)エ　(4)ウ　(5)ウ

第**2**節　**観光ビジネスにおける
マーケティングの特徴②**
（ワークブック p.68〜p.69）

基本問題
問1　①イ　②エ　③オ　④ウ　⑤ア
問2　(1)○　(2)○　(3)イ　(4)オ　(5)○

応用問題

問　(1)ア　(2)エ　(3)ウ

| 第2節 | 観光ビジネスにおける
マーケティングの特徴③ |

（ワークブック p.70～p.71）

基本問題

問1　①エ　②ア　③イ　④オ　⑤ウ
問2　(1)B　(2)A　(3)B　(4)A　(5)A
問3　ウ

応用問題

問1　(1)ア　(2)ウ
問2　(1)プロモーション　(2)動態情報

| 第2節 | 観光ビジネスにおける
マーケティングの特徴④ |

（ワークブック p.72）

基本問題

問　①エ　②ア　③オ　④イ　⑤ウ

応用問題

問　(1)イ　(2)セグメント

| 第2節 | 観光ビジネスにおける
マーケティングの特徴⑤ |

（ワークブック p.73）

基本問題

問　①オ　②ア　③ウ　④イ　⑤エ

応用問題

問　ア

| 第3節 | 顧客の理解① |

（ワークブック p.74）

基本問題

問　(1)×　(2)○　(3)○　(4)×　⑤×

応用問題

問　(1)ア　(2)ウ

| 第3節 | 顧客の理解② |

（ワークブック p.75）

基本問題

問　(1)×　(2)○　(3)×　(4)×　(5)○

応用問題

問　(1)ウ　(2)ア

| 第4節 | 顧客サービス① |

（ワークブック p.76）

基本問題

問　①ア　②オ　③ウ　④エ　⑤イ

応用問題

問　(1)○　(2)×　(3)×　(4)○

| 第4節 | 顧客サービス② |

（ワークブック p.77）

基本問題

問　①エ　②イ　③オ　④ウ　⑤ア

応用問題

問　(1)×　(2)○　(3)×　(4)○　(5)×

| 第4節 | 顧客サービス③ |

（ワークブック p.78）

基本問題

問　①エ　②ア　③ウ　④イ　⑤オ

応用問題

問　(1)○　(2)×　(3)○　(4)×　(5)○

| 第4節 | 顧客サービス④ |

（ワークブック p.79）

基本問題

問　①ア　②オ　③ウ　④イ

応用問題

問　(1)○　(2)○　(3)×　(4)○　(5)○

| 第4節 | 顧客サービス⑤ |

（ワークブック p.80）

基本問題

問　①イ　②エ　③ア　④オ　⑤ウ

応用問題
問　(1)○　(2)○　(3)×　(4)○　(5)×

第4節　**顧客サービス⑥**
（ワークブック p.81）

基本問題
問　①ア　②オ　③イ　④ウ　⑤エ

応用問題
問　(1)×　(2)○　(3)×　(4)○　(5)○

第4節　**顧客サービス⑦**
（ワークブック p.82）

基本問題
問　①イ　②オ　③ア　④ウ　⑤エ

応用問題
問　(1)×　(2)○　(3)×　(4)○　(5)×

第4節　**顧客サービス⑧**
（ワークブック p.83）

基本問題
問　①オ　②エ　③ア　④イ　⑤ウ

応用問題
問　(1)×　(2)○　(3)×　(4)○　(5)×

第4節　**顧客サービス⑨**
（ワークブック p.84〜p.85）

基本問題
問1　①イ　②エ　③ア　④オ　⑤ウ
問2　(1)B　(2)B　(3)A　(4)A　(5)A

応用問題
問　(1)ア　(2)イ　(3)ウ

第5章　観光ビジネスの展開と効果

第1節　**観光振興とまちづくりの関係①**
（ワークブック p.86〜p.87）

基本問題
問1　①オ　②ア　③ウ　④エ　⑤イ
問2　(1)○　(2)ア　(3)ウ
問3　(1)○　(2)○　(3)○　(4)×　(5)×

応用問題
問　(1)ウ　(2)ア

第1節　**観光振興とまちづくりの関係②**
（ワークブック p.88〜p.89）

基本問題
問1　①オ　②ア　③ウ　④イ　⑤エ
問2　(1)○　(2)×　(3)○　(4)×　(5)○

応用問題
問　(1)ア　(2)イ　(3)イ

第1節　**観光振興とまちづくりの関係③**
（ワークブック p.90〜p.91）

基本問題
問1　①エ　②イ　③オ　④ア　⑤ウ
問2　(1)×　(2)○　(3)×　(4)○　(5)○

応用問題
問1　(1)ウ　(2)ア
問2　(1)B　(2)A　(3)A　(4)B　(5)A

第1節　**観光振興とまちづくりの関係④**
（ワークブック p.92〜p.93）

基本問題
問1　①イ　②エ　③ア　④ウ　⑤オ
問2　(1)○　(2)○　(3)×　(4)×　(5)○

応用問題
問1　(1)ア　(2)イ
問2　(1)A　(2)B　(3)A　(4)A　(5)B

第1節　**観光振興とまちづくりの関係⑤**
（ワークブック p.94〜p.95）

基本問題
問1　①オ　②ア　③ウ　④イ　⑤エ
問2　(1)○　(2)×　(3)×　(4)○　(5)○

応用問題
問1　(1)ウ　(2)ア　(3)ウ
問2　(1)A　(2)A　(3)B　(4)A　(5)B

第1節　観光振興とまちづくりの関係⑥

基本問題

問1　①オ　②ウ　③イ　④エ　⑤ア
問2　(1)×　(2)○　(3)×　(4)×　(5)○

応用問題

問1　(1)ア　(2)イ　(3)ア
問2　(1)A　(2)B　(3)B　(4)A　(5)B

第2節　観光に関する地域の課題①

（ワークブック p.98〜p.99）

基本問題

問1　①ウ　②オ　③エ　④ア　⑤イ
問2　(1)○　(2)○　(3)オ　(4)エ　(5)○

応用問題

問1　(1)ウ　(2)ウ　(3)ア
問2　ウ

第2節　観光に関する地域の課題②

（ワークブック p.100〜p.101）

基本問題

問1　①エ　②オ　③ア　④ウ　⑤イ
問2　(1)×　(2)○　(3)○　(4)×　(5)×
問3　ウ

応用問題

問　(1)ウ　(2)イ

第3節　地域の活性化①

（ワークブック p.102〜p.103）

基本問題

問1　①オ　②ア　③イ　④ウ　⑤エ
問2　(1)×　(2)○　(3)×　(4)×　(5)○
問3　イ

応用問題

問1　(1)B　(2)B　(3)A　(4)B　(5)A
問2　(1)ア　(2)ウ

第3節　地域の活性化②

（ワークブック p.104〜p.105）

基本問題

問1　①エ　②オ　③イ　④ア　⑤ウ
問2　(1)○　(2)○　(3)×　(4)×　(5)○
問3　ウ

応用問題

問　(1)イ　(2)ウ　(3)ウ

第1回　実力確認テスト

（ワークブック p.106〜p.107）

問1　(1)キ　(2)ア　(3)カ　(4)オ　(5)ウ
　　　(6)ク　(7)イ　(8)エ
問2　(1)×　(2)○　(3)○　(4)×　(5)×
　　　(6)×
問3　(1)ア　(2)ウ　(3)持続可能（な観光）
問4　(1)ウ　(2)イ　(3)イ

第2回　実力確認テスト

（ワークブック p.108〜p.109）

問1　(1)カ　(2)ウ　(3)イ　(4)キ　(5)ク
　　　(6)ア　(7)エ　(8)オ
問2　(1)A　(2)A　(3)B　(4)A　(5)B
　　　(6)A
問3　(1)共通価値　(2)イ　(3)イ　(4)ア
問4　(1)ウ　(2)イ

第3回　実力確認テスト

（ワークブック p.110〜p.111）

問1　(1)ア　(2)エ　(3)イ　(4)ウ　(5)オ
問2　(1)A　(2)A　(3)B　(4)A　(5)B
問3　①ウ　②エ　③イ　④ア
問4　(1)ウ　(2)ア　(3)イ　(4)ア
問5　(1)観光危機（管理）　(2)ウ

A1XL

問1　次の文章を読み，問いに答えなさい。

　旅行業を営む場合，観光庁長官か都道府県知事に申請し，登録される必要がある。登録を受けるさいは，三つの要件が審査される。

　旅行業では，基本的に旅行前に顧客から代金を受け取る。そのため，(a)旅行業者が経営破たんした場合などに備えて，一定の金額をあらかじめ供託（国に金銭や有価証券を預けること）し，損害を受けた顧客に一定の補償をおこなう必要がある。また，(b)登録する種別ごとに必要な基準資産も定められている。さらに(c)旅行商品を販売するうえで必要となる国家資格をもつ者を事業所に最低でも一人は置かなければならない。

(1)　下線部(a)を何というか，最も適切なものを次のなかから一つ選びなさい。

　ア．前払金　　イ．差入証拠金　　ウ．営業保証金

(2)　下線部(b)の説明として，最も適切なものを次のなかから一つ選びなさい。

　ア．旅行業者代理業の登録には，第2種旅行業と同様，700万円の基準資産が必要となる。

　イ．登録に必要な基準資産が最も高い旅行業は，旅行業務のすべてを取り扱える第1種旅行業である。

　ウ．地域限定旅行業は地域の観光資源の活用促進という目的から創設されたため，登録要件が緩和されており，必要な基準資産が設けられていない。

(3)　下線部(c)を何というか，最も適切なものを次のなかから一つ選びなさい。

　ア．旅行業務取扱管理者　　イ．旅程管理主任者　　ウ．全国通訳案内士

(1)	(2)	(3)

問2　現在の旅行業法は，1952（昭和27）年に制定された旅行あっ旋業法を改正したものである。旅行あっ旋業法が制定された理由として，最も適切なものを次のなかから一つ選びなさい。

　ア．地域振興と観光立国を推進するため。

　イ．悪質な旅行業者を取り締まるため。

　ウ．観光政策の方向性を示すため。

観光ビジネスの主体④

⑦旅客輸送業とは　⑧旅客輸送業が機能するために必要なもの

●旅客輸送業のビジネスモデルについて理解する。

⎡基本問題⎤

問1　次の文章の空欄にあてはまる語句を解答群から選び，記号で答えなさい。

(1)　所定の運賃を支払えば，目的地まで移動できる移動手段のことを（　①　）という。

(2)　旅客輸送業の場合，長距離の移動になるほど（　②　）は高くなることが多い。

(3)　出発地から目的地に到着するまでにかかる時間のことを（　③　）という。

(4)　スマートフォンのアプリなどを通じて，複数の公共交通機関やそれ以外の移動サービスを最適に組み合わせて検索・予約・決済などを一括でおこなうサービスのことを（　④　）という。

(5)　自宅のドアを出てから目的地に到着するまでにかかる時間のことを（　⑤　）という。

【解答群】

　　ア．運賃　　イ．ドアツードア　　ウ．MaaS　　エ．公共交通機関　　オ．所要時間

　　　　　　　　①　　　　　②　　　　　③　　　　　④　　　　　⑤

問2　次の文章の下線部が正しい場合は〇を，誤っている場合は解答群から正しいものを選び，記号で答えなさい。

(1)　旅客輸送業とは，移動手段を提供することで，旅客をある場所から別の場所へ運ぶビジネスのことである。

(2)　観光客は主に運賃・所要時間・採算性を検討して，自分にあう公共交通機関を選んでいる。

(3)　航空機の機体や鉄道車両そのもののことを公共交通機関の施設という。

(4)　公共交通機関は，コモン・キャリアともいわれる。

(5)　鉄道・バス・タクシーなどの乗り換えをおこなう場合，CASEを利用すると，出発地から目的地まで一つのサービスとして検索・予約・支払いができる。

【解答群】

　　ア．本体　　イ．Maas　　ウ．コントラクト・キャリア　　エ．利便性　　オ．旅行業

　　　　　　　　(1)　　　　　(2)　　　　　(3)　　　　　(4)　　　　　(5)

問1　次の文章を読み，問いに答えなさい。

　東京都に住む大学生のAさんは，夏休みを利用して香川県の直島へ観光に行くことにした。Aさんが交通手段を調べたところ，羽田空港から高松空港まで飛行機を利用し，高松空港から高松港まではバス，そして高松港からフェリーで直島へ行くルートが最も速く到着できる。しかし，夏休みということもあって航空運賃が高く，東京駅から高松港まで高速バスを利用した方が移動にかかる費用を安く抑えられると考えた。ただし，高速バスの場合は10時間近く乗車しなければならず，しかも渋滞の恐れがある。Aさんはこうした条件を考慮しながら，観光プランをよく練ることにした。

⑴　直島までの所要時間が短いルートはどちらか，最も適切なものを次のなかから一つ選びなさい。

　　ア．東京駅から高速バスを使うルート　　イ．羽田空港から飛行機を使うルート

⑵　東京駅から高速バスを使うルートに決定した場合，その理由として最も適切なものを次のなかから一つ選びなさい。

　　ア．飛行機を使用するよりも，ドアツードアの時間を短縮できるため。

　　イ．飛行機よりも高速バスの運賃の方が安いため。

　　ウ．飛行機よりも快適に高松港に行くことができるため。

(1)　……………　(2)　……………

問2　次の文章を読み，問いに答えなさい。

　情報通信技術の発達は，旅客輸送業にもさまざまな影響を及ぼしている。とりわけ注目を浴びているのが，「地域住民や旅行者一人ひとりのトリップ単位での移動ニーズに対応して，複数の公共交通やそれ以外の移動サービスを最適に組み合わせて検索・予約・決済等を一括で行うサービス」（国土交通省）である。このしくみは，移動の　　　　の向上や地域の課題解決などに役に立つと期待されている。

⑴　文中の下線部を何というか，最も適切なものを次のなかから一つ選びなさい。

　　ア．LCC　　イ．MaaS　　ウ．UNWTO

⑵　文中の　　　　にあてはまる語句として，最も適切なものを次のなかから一つ選びなさい。

　　ア．運賃　　イ．所要時間　　ウ．利便性

(1)　……………　(2)　……………

観光ビジネスの主体⑤

第1節

⑨航空機の特徴　⑩航空会社の業務
⑪航空会社の種類　⑫航空機にかかわる規則

POINT　●航空機の特徴や航空会社の業務について理解する。

基本問題

問1　次の文章の空欄にあてはまる語句を解答群から選び，記号で答えなさい。

(1)　飛行機は，航空路線によって国内線と（　①　）に分けられる。

(2)　利用者から運賃を収受して，人や貨物を航空機で運ぶ事業をおこなう企業を（　②　）という。

(3)　天候や機体の状態，乗客数や搭載する貨物量など，あらゆるデータをもとに安全で最適な飛行計画を作成する人のことを（　③　）という。

(4)　（　④　）は，接客サービスのほか，機内外の安全確認，非常用設備の案内といった保安管理業務にもあたる。

(5)　（　⑤　）は，航空券の発券や搭乗手続き，手荷物の預け入れなど空港における業務全般を担っている。

【解答群】

ア．グランドスタッフ　　イ．国際線　　ウ．運航管理者　　エ．客室乗務員
オ．航空会社

①　　　　　　②　　　　　　③　　　　　　④　　　　　　⑤

問2　次の文章の下線部が正しい場合は○を，誤っている場合は解答群から正しいものを選び，記号で答えなさい。

(1)　一般に，飛行機には機内の最高責任者である機長と，機長の補佐役の<u>航空整備士</u>の二人一組で搭乗する。

(2)　ヘリコプターやグライダーなども含めた，空を飛ぶ乗り物全般のことを<u>航空機</u>という。

(3)　航空に関して定められた主な法律に，<u>旅行業法</u>がある。

(4)　<u>LCC</u> はサービスや機内の設備が充実しているが，その分運賃は相対的に高価格となっている航空会社である。

(5)　客室乗務員は<u>キャビンアテンダント</u>ともいう。

【解答群】

ア．飛行機　　イ．航空法　　ウ．副操縦士　　エ．FSA　　オ．ディスパッチャー

(1)　　　　　(2)　　　　　(3)　　　　　(4)　　　　　(5)

問1　次の文章を読み，問いに答えなさい。

　航空会社は，日本航空（JAL）や全日本空輸（ANA）のようなフルサービスキャリアと，Peach Aviation などのローコストキャリアの二つに分類できる。ローコストキャリアは，(a)徹底的なコスト削減をおこなうことで，フルサービスキャリアとは異なるビジネスモデルを構築している。たとえばフルサービスキャリアはさまざまな種類の機体を保有しているが，ローコストキャリアの機体は１種類か２種類のみである。これにより(b)機体の整備や点検をおこなう担当者の業務が効率化し，整備や点検の時間が短縮化され，その分高頻度で運航することができる。また，フルサービスキャリアでは基本的に清掃員が機内清掃をおこなうが，ローコストキャリアでは(c)機内販売などの接客サービスや保安管理業務などの担当者が機内清掃も担うことが多い。

　(1)　下線部(a)の例として，最も適切なものを次のなかから一つ選びなさい。

　　ア．座席指定や荷物の預け入れ，機内での飲み物の提供を有料でおこなっている。

　　イ．飛行機の座席をファーストクラス・ビジネスクラス・エコノミークラスに分けている。

　　ウ．予約や発券などは旅行会社か航空座席予約システムを用いている。

　(2)　下線部(b)を何というか，最も適切なものを次のなかから一つ選びなさい。

　　ア．運航管理者　　イ．客室乗務員　　ウ．航空整備士

　(3)　下線部(c)を何というか，最も適切なものを次のなかから一つ選びなさい。

　　ア．運航管理者　　イ．客室乗務員　　ウ．航空整備士

　　　　　　　　　　　　　　　　　　　(1)　　　　　　　(2)　　　　　　　(3)

問2　次の文章を読み，問いに答えなさい。

　航空に関して定められた法律に，(a)「航空機の航行の安全及び航空機の航行に起因する障害の防止を図るための方法を定め，並びに航空機を運航して営む事業の適正かつ合理的な運営を確保して輸送の安全を確保するとともにその利用者の利便の増進を図ること」（第１条）を目的とした法律がある。(b)この法律にもとづき，機長はトイレ内での喫煙などの安全阻害行為等に対して禁止命令を出すことができ，罰則も定められている。

　(1)　下線部(a)の法律として，最も適切なものを次のなかから一つ選びなさい。

　　ア．航空法　　イ．旅館業法　　ウ．鉄道営業法

　(2)　下線部(b)の説明について，最も適切なものを次のなかから一つ選びなさい。

　　ア．機長の禁止命令に従わない場合，罰金が科せられることがある。

　　イ．安全阻害行為等の禁止の対象は，乗客のみである。

　　ウ．シートベルトの着用は任意のため，安全阻害行為等には該当しない。

　　　　　　　　　　　　　　　　　　　　　　　　(1)　　　　　　　(2)

観光ビジネスの主体⑥

⑬鉄道の特徴　⑭鉄道会社の業務　⑮鉄道にかかわる規則

POINT　•鉄道の特徴や鉄道会社の業務について理解する。

| 基本問題 |

問1　次の文章の空欄にあてはまる語句を解答群から選び，記号で答えなさい。

⑴　新幹線などのように，専用の敷地にレールが敷設されているものを（　①　）という。

⑵　鉄道会社は，民営と都営や市営などの公営，そして（　②　）の三つに区分することができる。

⑶　鉄道会社が展開する駅内の商業施設やオフィスのことを，駅ビルや（　③　）ともいう。

⑷　鉄道会社の業務には，保有する駅周辺の土地を活かしてマンションを建設して販売したり，オフィスビルを建設して企業に貸し出したりといった（　④　）開発と管理もある。

⑸　鉄道を運行するにあたっての基本的な事項を定めた法律を（　⑤　）という。

【解答群】

　ア．不動産　　イ．第三セクター　　ウ．鉄道営業法　　エ．鉄道　　オ．駅ナカ

①⋯⋯⋯⋯⋯　②⋯⋯⋯⋯⋯　③⋯⋯⋯⋯⋯　④⋯⋯⋯⋯⋯　⑤⋯⋯⋯⋯⋯

問2　次の文章の下線部が正しい場合は○を，誤っている場合は解答群から正しいものを選び，記号で答えなさい。

⑴　鉄道会社の主な業務は，乗客から運賃を収受し，目的地まで乗客を安全に輸送することである。

⑵　スキー場にあるリフトやロープウェーなどのように，空中に鋼索（ロープ）を渡して人や貨物を運ぶものを軌道という。

⑶　国や地方公共団体が，民間企業と共同出資して設立した組織のことを第一セクターという。

⑷　鉄道会社が駅から離れた場所に展開する施設のことを，駅ソトということがある。

⑸　鉄道会社はリゾートホテルやレジャー施設なども経営して，観光事業にも進出している。

【解答群】

　ア．索道　　イ．駅ビル　　ウ．受取手数料　　エ．第三セクター　　オ．卸売業

(1)⋯⋯⋯⋯⋯　(2)⋯⋯⋯⋯⋯　(3)⋯⋯⋯⋯⋯　(4)⋯⋯⋯⋯⋯　(5)⋯⋯⋯⋯⋯

問1　次の文章を読み，問いに答えなさい。

　鉄道は主に輸送や移動の手段として用いられるが，現在の鉄道会社の事業はさまざまな分野に及んでいる。たとえば東日本旅客鉄道株式会社（JR東日本）の第35期連結損益計算書をみると，企業グループ全体の売上高のうち運輸事業の占める割合は約65％で，残りは流通・サービス事業，(a)不動産・ホテル事業，クレジットカード事業などが占めている。同社の手がける事業では，(b)駅構内での「エキュート」と呼ばれる小売業や「メトロポリタン」や「メッツ」といったブランドでのホテル事業などが有名である。

　(1)　下線部(a)の事業を手がける理由として，最も適切なものを次のなかから一つ選びなさい。

　　ア．宿舎の提供は公共交通機関の一種の義務と考えられるため。

　　イ．収益が減少した分をホテル事業の収益で補塡できると考えられるため。

　　ウ．観光や出張で地域を訪れた人の拠点になると考えられるため。

　(2)　下線部(b)を何というか，最も適切なものを次のなかから一つ選びなさい。

　　ア．駅ナカ　　イ．駅ソト　　ウ．駅マチ

(1) ……………　(2) ……………

問2　鉄道営業法の説明として，最も適切なものを次のなかから一つ選びなさい。

　　ア．鉄道営業法とは，鉄道を運行するにあたっての基本的な事項を定めた法律である。

　　イ．鉄道営業法の規定により，乗客は鉄道係員から乗車券の提示を求められても拒否できる。

　　ウ．鉄道営業法では，鉄道車両内のどこであっても喫煙をする自由が認められている。

……………

問3　鉄道車両が発着する駅での業務として，最も適切なものを次のなかから一つ選びなさい。

　　ア．フィットネスクラブやスキー場の管理

　　イ．マンションやオフィスビルの建築

　　ウ．運行情報の連絡や駅構内の案内

……………

観光ビジネスの主体⑦

第**1**節

⑯バスの特徴　⑰バス会社の業務　⑱バスにかかわる規則

POINT • バスの特徴やバス会社の業務について理解する。

| 基本問題 |

問1　次の文章の空欄にあてはまる語句を解答群から選び，記号で答えなさい。

(1)　一般的にバスは，（　①　）と貸切バスに分けられる。

(2)　乗客から運賃を収受して，自動車を運行して人を運ぶ事業のことを（　②　）運送事業という。

(3)　(②) 運送事業を経営しようとする者は，（　③　）の許可を受けなければならない。

(4)　（　④　）とは，あらゆる道路運送の総合的な発達を図り，公共の福祉を増進することを目的に定められた法律である。

(5)　複数の観光地を回るコースをタクシー会社が設定して，（　⑤　）として運行しているものもある。

【解答群】

ア．観光タクシー　　イ．道路運送法　　ウ．乗合バス　　エ．一般旅客自動車

オ．国土交通大臣

①＿＿＿＿＿　②＿＿＿＿＿　③＿＿＿＿＿　④＿＿＿＿＿　⑤＿＿＿＿＿

問2　次の文章のうち，条件にあてはまるものにはＡを，それ以外にはＢを記入しなさい。

【条件】乗合バス

(1)　路線バスとも呼ばれる。

(2)　経路と時刻を決めて，定期的に運行するバスである。

(3)　主に団体に貸し切って運行するバスである。

(4)　高速道路上を走り，都道府県間をつなぐ高速バスである。

(5)　観光ツアーや修学旅行，社会科見学などに使用されることが多い。

(1)＿＿＿＿　(2)＿＿＿＿　(3)＿＿＿＿　(4)＿＿＿＿　(5)＿＿＿＿

問1　次の文章を読み，問いに答えなさい。

　(a)あらゆる道路運送の総合的な発達を図る法律では，バスを乗合バスと貸切バスの二つに分類している。乗合バスは経路と時刻を決めて定期的に運行するバスのことであるが，そのなかでも(b)高速道路を利用して都道府県間を結ぶバスが再評価されている。もともとこうした乗合バスは，東名高速道路や名神高速道路などが開通した1960年代に人気を集めていたが，新幹線の整備や航空運賃の割引が進んだことによって，一時期は衰退していた。しかし，最近では(c)乗客が眠りやすいようにする設備を備えた高速バスを運行する会社もあり，比較的運賃が安いこともあって再評価されている。

　(1)　下線部(a)の法律として，最も適切なものを次のなかから一つ選びなさい。

　　ア．道路交通法　　イ．道路運送法　　ウ．道路法

　(2)　下線部(b)を何というか，最も適切なものを次のなかから一つ選びなさい。

　　ア．観光バス　　イ．高速バス　　ウ．送迎バス

　(3)　下線部(c)の説明として，最も適切なものを次のなかから一つ選びなさい。

　　ア．それぞれの座席が仕切られたシェル型のシートで，足元も広々としている。

　　イ．コンセントが設置されており，充電やパソコンの操作などができる。

　　ウ．カラオケやテレビ，DVD再生機などが装備されている。

　　　　　　　　　　　　　　　　　　　　　　　　(1)　　　　　　　　(2)　　　　　　　　(3)

問2　移動距離が長距離になる場合，高速バスが飛行機や鉄道と比較して優れている点は何か，最も適切なものを次のなかから一つ選びなさい。

　ア．出発地から目的地までの所要時間が短い。

　イ．出発地から目的地までの運賃が安い。

　ウ．目的地に到着する時間の正確性が高い。

問3　バスガイドの業務として，最も適切なものを次のなかから一つ選びなさい。

　ア．旅行業者への商品の説明やまちなかでのパンフレットの配布など

　イ．売上高の集計や食事施設や観光施設などへの支払作業など

　ウ．観光地の案内や車内サービスの提供，下車の誘導など

観光ビジネスの主体⑧

⑲旅客船の特徴　⑳旅客船会社の業務　㉑旅客船にかかわる規則

POINT　• 旅客船の特徴や旅客船会社の業務について理解する。

基本問題

問1　次の文章の空欄にあてはまる語句を解答群から選び，記号で答えなさい。

(1)　旅客船は（　①　）の定めにより，乗船できる定員が12人を超えなければならない。

(2)　船体を海面から少しだけ浮かせて，滑るように進む旅客船を（　②　）という。

(3)　船体の下の前と後ろに翼をつけて，水の抵抗を減らして進む旅客船を（　③　）という。

(4)　（　④　）・港湾運送事業法では，旅客船を13人以上の旅客定員の船舶と定めている

(5)　旅客船の業務は，最高責任者である船長のもと，大きく運航部門と（　⑤　）部門に分けられる。

【解答群】

　ア．水中翼船　　イ．海上運送法　　ウ．ホテル　　エ．ホバークラフト

　オ．船舶安全法

①　　　　　　　②　　　　　　　③　　　　　　　④　　　　　　　⑤

問2　次の文章の下線部が正しい場合は○を，誤っている場合は解答群から正しいものを選び，記号で答えなさい。

(1)　航海の見張りや旅客船の操縦をおこなうのは，機関長である。

(2)　旅客船のエンジンや装置の管理などをおこなうのは，副船長である。

(3)　旅客船が発着するさいの事務手続きのサポートや旅客船内での観光客への対応などをおこなうのは，航海士である。

(4)　IR整備法などでは，一定の規制のもとにカジノを含む統合型リゾートの設置や運営が認められている。

(5)　観光客が快適に過ごすことのできるように，客室や共用施設などの清掃をおこなうことをエンターテインメントという。

【解答群】

　ア．航海士　　イ．ハウスキーピング　　ウ．卸売市場　　エ．パーサー　　オ．機関長

(1)　　　　　　　(2)　　　　　　　(3)　　　　　　　(4)　　　　　　　(5)

問　次の文章を読み，問いに答えなさい。

　旅客船のなかでも，移動手段であると同時にさまざまな娯楽施設や(a)カジノゲームなどのエンターテインメント，レストランやバーなどが用意され，船内での生活そのものを楽しむ船のことをクルーズ客船あるいはクルーズ船という。クルーズ客船のほとんどが，運航を担当する運航部門と乗客の生活面を担当する(b)ホテル部門に分けられている。

　一方で，同じ旅客船であっても，オホーツク海などにおける(c)流氷観光のための旅客船や，湖や河川などの遊覧船は，(d)ホテル部門がなく，運航部門だけの場合が多い。

(1)　下線部(a)の注意事項として，最も適切なものを次のなかから一つ選びなさい。

　　ア．外国籍の旅客船ではカジノゲームに参加しても罪にならないが，日本籍の旅客船の場合には罪になる。

　　イ．日本の領土と旅客船が接触している場合には，金銭を賭けたカジノゲームへの参加は賭博罪となるが，港湾を旅客船が離れてから参加すれば問題ない。

　　ウ．賭博が禁止されていない外国籍の旅客船の場合でも，日本の領海内でカジノゲームに参加すれば罪になる。

(2)　下線部(b)の担当者として，最も適切なものを次のなかから一つ選びなさい。

　　ア．機関長　　イ．パーサー　　ウ．航海士

(3)　下線部(c)を何というか，最も適切なものを次のなかから一つ選びなさい。

　　ア．水中展望船　　イ．屋形船　　ウ．砕氷船

(4)　下線部(d)の理由として，最も適切なものを次のなかから一つ選びなさい。

　　ア．クルーズ客船のように長期にわたる乗船の場合にはホテル部門が必要になるが，数時間の運航が中心の場合には，ホテル部門は必要がないため。

　　イ．クルーズ客船を運航している旅客船会社には豊富な資金があるが，資金がそれほどない旅客船会社にとってはホテル部門の設置は難しいため。

　　ウ．わが国ではまだ船舶に宿泊するという習慣が根づいておらず，船舶にホテル部門を設けても訪日外国人旅行者の利用しか想定できないため。

(1)	(2)	(3)	(4)

観光ビジネスの主体⑨

㉒宿泊業とは ㉓宿泊業の役割
㉔ホテルと旅館の違い ㉕宿泊業にかかわる規則

• 宿泊業の特徴や役割について理解する。

| 基本問題

問1 次の文章の空欄にあてはまる語句を解答群から選び，記号で答えなさい。

(1) （ ① ）では，（ ② ）を徴収して人を宿泊させることを宿泊業と定義している。

(2) 代表的な宿泊施設には，ホテルと（ ③ ）がある。

(3) 一般的に低価格で宿泊できる小規模な宿泊施設で，基本的に相部屋で宿泊者同士が交流できる共用スペースなどが設けられているのは，（ ④ ）である。

(4) レストランを備えているホテルでは，客室から料理や飲料などを注文し，客室まで届けてもらう（ ⑤ ）をおこなっている場合もある。

【解答群】

ア．旅館 イ．ユースホステル ウ．旅館業法 エ．宿泊料 オ．ルームサービス

① …………… ② …………… ③ …………… ④ …………… ⑤ ……………

問2 次の文章のうち，条件にあてはまるものにはAを，それ以外にはBを記入しなさい。

【条件】ホテルの特徴

(1) 和室が用意されている場合もあるが，原則として客室は洋室である。

(2) 食事場所は客室または宴会場，個室食事処であることが多い。

(3) 原則として，宿泊料は食事を含まない室料のみとなっている。

(4) ドアパーソン，ベルパーソン，コンシェルジュなどがサービスを提供する。

(5) 原則として，建物のなかでは，浴衣とスリッパで過ごしてよい。

(1) …………… (2) …………… (3) …………… (4) …………… (5) ……………

問3 旅館業法に関する次の文章のうち，最も適切なものを一つ選びなさい。

ア．2017（平成29）年の法改正により，ホテルと旅館の明確な区別をおこなうようになった。

イ．2017（平成29）年の法改正により，ホテルと旅館の営業は区別されなくなった。

ウ．旅行の安全を確保し，旅行者の利便の増進を図ることを目的としている。

……………

問1　次の文章を読み，問いに答えなさい。

　文化的あるいは商慣習的に，旅館は和式の構造設備をもつ宿泊施設といえる。客室のほとんどは和室であり，共用の大浴場が設けられている。また，浴衣とスリッパで館内を動き回ることもできる。食事は一泊　①　食が基本であり，旅館で提供される料理も観光客が宿泊施設を選ぶときの基準になる。客室への誘導，湯茶サービス，館内案内などは(a)客室係が担当する。こうした日本の雰囲気を伝える旅館とは別に，ホテルやカプセルホテル，ユースホステル，ゲストハウスなどの宿泊施設がある。いずれも旅館業法の適用を受けるため，(b)換気・採光・照明・防湿・清潔等の基準を守り，必要な措置をとらなければならない。また，宿泊業を営む場合には　②　などの許可が必要である。

(1)　文中の　①　にあてはまる数字として，最も適切なものを次のなかから一つ選びなさい。

　　ア．1　　イ．2　　ウ．3

(2)　下線部(a)を何というか，最も適切なものを次のなかから一つ選びなさい。

　　ア．仲居　　イ．ベルパーソン　　ウ．コンシェルジュ

(3)　下線部(b)を何というか，最も適切なものを次のなかから一つ選びなさい。

　　ア．構造設備　　イ．衛生基準　　ウ．建築基準

(4)　文中の　②　にあてはまる語句として，最も適切なものを次のなかから一つ選びなさい。

　　ア．内閣総理大臣　　イ．警察庁長官　　ウ．都道府県知事

(1)　　　　　　　　(2)　　　　　　　　(3)　　　　　　　　(4)

問2　民泊の説明として，最も適切なものを次のなかから一つ選びなさい。

　ア．簡易宿所の一つであり，低価格で宿泊できる小規模な施設で，主に宿泊客（ゲスト）同士の交流を目的とし，家族経営によるものが多い。

　イ．2㎡～3㎡ほどの小部屋（カプセル）に宿泊する施設で，カプセルのなかには寝台のほかにコンセントやテレビなどが設置されている。

　ウ．個人が保有する家屋やマンションの一室を宿泊施設として提供するもので，インターネットを通じて利用されることが多く，普及が広がっている。

　　　……………

観光ビジネスの主体⑩

第**1**節

㉖ホテルの概要　㉗ホテルの業務　㉘ホテルの種類

POINT

● ホテルの概要と業務について理解する。

基本問題

問1　次の文章の空欄にあてはまる語句を解答群から選び，記号で答えなさい。

(1) 日本における最初期のホテルとして，1868（慶応4）年に東京築地の外国人居留地で開業した（　①　）がある。

(2) 1964（昭和39）年の（　②　）や1970（昭和45）年の大阪万博などの行事のたびに，ホテルの数は増えていった。

(3) ホテル内の業務には，宿泊部門のほかに，料飲部門や結婚披露宴などの運営を担当する（　③　）部門，管理部門などがある。

(4) チェックイン・チェックアウトの手続きや精算などをおこなうのは（　④　）である。

(5) 都市部にあって比較的安価で宿泊できるホテルのことを（　⑤　）という。

【解答群】

　ア．東京オリンピック　　イ．フロント　　ウ．宴会　　エ．築地ホテル館
　オ．ビジネスホテル

①………………　②………………　③………………　④………………　⑤………………

問2　次の文章の下線部が正しい場合は〇を，誤っている場合は解答群から正しいものを選び，記号で答えなさい。

(1) ホテルで，おすすめの観光地の紹介やレストランの予約など，宿泊客からのさまざまな要望に応えるのは，ドアパーソンである。

(2) 旅館業法上では，ゲストハウスやペンションなどは簡易宿所にあたる。

(3) ホテルで働く人のことを，正しくはホテルワーカーという。

(4) ホテルに宿泊するために必要な手続きをおこなうことを，チェックアウトという。

(5) 早朝や深夜に空港を利用する観光客が泊まりやすいように，空港に隣接されたホテルのことをエアポートホテルという。

【解答群】

　ア．ホテルマン　　イ．シティホテル　　ウ．コンシェルジュ
　エ．チェックイン　　オ．下宿

(1)………………　(2)………………　(3)………………　(4)………………　(5)………………

応用問題

問1　次の文章を読み，問いに答えなさい。

(a)カプセルホテルとは，ベッドの入った一人用のカプセルのような小部屋を，2〜3段に重ねて並べた宿泊施設のことである。小部屋（カプセル）のなかには，テレビや目覚まし時計，電源コンセントなどが組み込まれており，(b)都市部にあって比較的安価で宿泊できるホテルよりも，さらに安い価格で宿泊できるところが多い。ただし，カプセルには鍵をかけることができない。これは，(c)宿泊業にかかわる重要な法律において，カプセルは，「部屋」ではなく「寝台」（ベッド）と位置づけられるためである。

こうしたカプセルホテルは，もともと中高年の男性がビジネスの目的で利用することが多かった。しかし，最近では女性専用のカプセルホテルがあったり，訪日外国人旅行者などが観光目的でカプセルホテルを利用したりすることも珍しくない。また，最近では(d)低額の月料金を支払えば，一カ月間にわたりカプセルホテルを何回利用してもよいといったサービスを提供している企業もある。

(1) 下線部(a)の営業は法律上どれにあたるか，最も適切なものを次のなかから一つ選びなさい。

　　ア．プチホテル　　イ．簡易宿所　　ウ．下宿

(2) 下線部(b)を何というか，最も適切なものを次のなかから一つ選びなさい。

　　ア．ビジネスホテル　　イ．リゾートホテル　　ウ．会員制ホテル

(3) 下線部(c)の法律として，最も適切なものを次のなかから一つ選びなさい。

　　ア．都市計画法　　イ．防火法　　ウ．旅館業法

(4) 下線部(d)のような価格設定を何というか，最も適切なものを次のなかから一つ選びなさい。

　　ア．ダイナミック・プライシング　　イ．サブスクリプション　　ウ．ロスリーダー

(1)	(2)	(3)	(4)

問2　シティホテルの説明として，最も適切なものを次のなかから一つ選びなさい。

　ア．リゾート地にある比較的高級なホテルで，主に観光目的で利用される。

　イ．都市部にあって，宿泊料金は比較的安く，主にビジネス目的で利用される。

　ウ．都市部にあり，充実したサービスを提供するホテルで，ビジネスと観光両方の目的で利用される。

観光ビジネスの主体⑪

⑳旅館の概要　㉚旅館の業務　㉛旅館の種類

・旅館の概要と業務について理解する。

基本問題

問1　次の文章の空欄にあてはまる語句を解答群から選び，記号で答えなさい。

(1)　多くの旅館には，旅館の運営やスタッフの管理をおこなう（　①　）がいて，宿泊客の出迎えや客室を訪れて挨拶や料理の説明などもおこなう。

(2)　旅館では，宿泊客の世話をするスタッフのことを客室係または（　②　）という。

(3)　旅館の厨房で働く料理人のことを（　③　）という。

(4)　主にビジネス目的で利用される駅周辺に位置する旅館のことを（　④　）という。

(5)　宿泊施設としてよりも，提供する料理に重点を置く旅館のことを（　⑤　）という。

【解答群】

ア．仲居　　イ．割烹旅館　　ウ．女将　　エ．駅前旅館　　オ．板前

①＿＿＿＿＿　②＿＿＿＿＿　③＿＿＿＿＿　④＿＿＿＿＿　⑤＿＿＿＿＿

問2　次の文章の下線部が正しい場合は〇を，誤っている場合は解答群から正しいものを選び，記号で答えなさい。

(1)　一般的に，旅館とは洋式の構造および設備をもった宿泊施設を指すことが多い。

(2)　日本に現存する最古の旅館は，705（慶雲2）年に開業した山梨県の西山温泉にある慶雲館という旅館とされている。

(3)　旅館の数は1975（昭和50）年と比較すると増加傾向にある。

(4)　主に観光目的で利用されている観光地や温泉地にある旅館のことを観光旅館や温泉旅館という。

(5)　療養のために，温泉地に長期間にわたって滞在する下宿扱いの宿を民泊という。

【解答群】

ア．割烹旅館　　イ．和式　　ウ．湯治宿　　エ．減少傾向　　オ．鹿児島県

(1)＿＿＿＿＿　(2)＿＿＿＿＿　(3)＿＿＿＿＿　(4)＿＿＿＿＿　(5)＿＿＿＿＿

問1　次の文章を読み，問いに答えなさい。

　わが国の旅館は宿泊客に「非日常的な空間」を提供し，顧客満足度の向上を図ってきた。広々とした(a)温泉旅館の部屋で美しい自然の景観を眺めて，おいしい料理を食べるということは，日常生活圏ではなかなかできない。しかし，(b)旅館の数が長期的に減少傾向にある現在，これまで以上に(c)新しい経験や価値，非日常性を観光客に提供していく必要がある。

(1)　下線部(a)の説明として，最も適切なものを次のなかから一つ選びなさい。

　　ア．主にビジネス目的で利用される駅周辺の旅館のことである。

　　イ．宿泊サービスの提供よりも料理の提供に重点を置いた旅館である。

　　ウ．温泉地にあり，主に観光目的で利用される旅館である。

(2)　下線部(b)の理由として，最も適切なものを次のなかから一つ選びなさい。

　　ア．安価で宿泊できる湯治宿が増加したことで，そちらに宿泊し，食事は自炊して好きなものを食べたいと考える人が増えたため。

　　イ．駅前旅館の多くがビジネスホテルに取って代わられるなど，個人旅行に対応したホテルや民泊に宿泊客を奪われてしまっているため。

　　ウ．訪日外国人旅行者が減少傾向にあり，「日本らしさ」を求めて温泉旅館に宿泊したいと思う人が減ったため。

(3)　下線部(c)の具体的な事例として，最も適切なものを次のなかから一つ選びなさい。

　　ア．旅館の居室には電気や電波が通っておらず，情報社会から隔離されたかたちで温泉や四季折々の風景を楽しむことができる旅館。

　　イ．客室料金に夕食と朝食の料金を含めるかたちで実質的な値下げに踏み切り，新たに観光客を呼び寄せようとしている旅館。

　　ウ．宿泊の予約はフロントが主に電話で担当していたが，業務負担を軽減するためにすべて自動音声で対応することにした旅館。

(1)	(2)	(3)

問2　旅館に関する説明として，最も適切なものを次のなかから一つ選びなさい。

　ア．旅館における役職として，女将はどの旅館にも必ず存在している。

　イ．基本的に，旅館内では浴衣とスリッパで過ごすことができる。

　ウ．食事を含まず，客室料金のみの「素泊まり」と呼ばれる宿泊プランが一般的である。

観光ビジネスの主体⑫

第 **1** 節

㉜飲食業とは　㉝飲食業の業務
㉞さまざまな飲食業　㉟飲食業にかかわる規則

POINT ・飲食業の特徴と業務について理解する。

基本問題

問1　次の文章の空欄にあてはまる語句を解答群から選び，記号で答えなさい。

(1)　飲食業とは，調理した飲食物を店舗内，配送，（　①　）などによって消費者に提供するビジネスのことである。

(2)　いわゆる（　②　）といわれる立場の人が店舗の運営をおこなう。

(3)　一般的には（　③　）が料理の仕込みから調理，そして片付けまでを担当する。

(4)　（　④　）は，来店した客を席まで案内し，注文を受け，料理を運び，精算し，客を見送った後に席の片づけをし，次の客の来店に備えるまでを担当する。

(5)　宿泊したホテルや旅館で食事をするのではなく，宿泊客が別の飲食店で食事をとるという考え方を（　⑤　）という。

【解答群】

　ア．ホールスタッフ　　イ．店長　　ウ．泊食分離　　エ．持ち帰り　　オ．調理スタッフ

①　　　　　　②　　　　　　③　　　　　　④　　　　　　⑤

問2　次の文章の下線部が正しい場合は〇を，誤っている場合は解答群から正しいものを選び，記号で答えなさい。

(1)　飲食業そのものが観光資源となることもある。

(2)　広島県のお好み村のようなフードテーマパークは，飲食業であると同時に観光地にもなっている。

(3)　駅弁や空弁のなかには，ファストフードやご当地グルメを活用したものもあり，観光の醍醐味の一つとして人気を集めている。

(4)　食品衛生法とは，飲食によっておこりうる事故や事件などを防止し，多くの人が安全に飲食できるよう定められた法律である。

(5)　飲食業の運営にあたっては，食品の衛生管理をおこなう管理栄養士を最低でも1人置かなければならない。

【解答群】

　ア．文化施設　　イ．保険業法　　ウ．食品衛生責任者　　エ．観光需要　　オ．郷土料理

(1)　　　　　(2)　　　　　(3)　　　　　(4)　　　　　(5)

問3　次の文章の内容が正しい場合は○を，誤っている場合は×を記入しなさい。

(1)　ホールスタッフにはやわらかく丁寧な態度や雰囲気は必須であるが，清潔感は必要ない。

(2)　調理スタッフは，調理しやすい環境を整えるために掃除や道具の整備もおこなう。

(3)　広島県のお好み村や神奈川県のラーメン博物館などは観光施設に分類されるため，観光対象とはならない。

(4)　食事それ自体が観光の目的とされることもあるため，飲食業は観光ビジネスの主体の一つである。

(5)　わが国では宿泊したホテルや旅館で食事をとることが一般的であり，別の飲食店で食事をとるという考え方は広がっていない。

(1) .... 　(2) .... 　(3) .... 　(4) .... 　(5) ....

応用問題

問1　泊食分離のメリットとして，最も適切と考えられるものを一つ選びなさい。

ア．宿泊と食事を分けることによって，宿泊施設の売上高が減少することになるが，飲食業の売上高は増えることが期待できる。

イ．泊食分離によってさまざまな価格設定と選択肢を宿泊客に示すことができるので，宿泊施設にとっては利用の拡大，宿泊客にとっては選択肢の増加が期待できる。

ウ．泊食分離によって宿泊客は食事をするために客室を出ることになるが，その分地域の風景を楽しむ時間が増えることが期待できる。

....

問2　食品衛生法に関する説明として，最も適切なものを次のなかから一つ選びなさい。

ア．食品による重大な健康被害が生じた場合，食品衛生法に基づき営業許可の取り消しや営業停止などの処分が下されることがある。

イ．飲食店舗内における事故や事件を防止するための法律であり，駅弁など持ち帰りの食品については対象とはならない。

ウ．食品衛生法で定められた食品衛生責任者になるためには，都道府県知事が実施する試験に合格しなければならない。

....

観光ビジネスにおけるマーケティングの特徴①

第2節

①マーケティングとは　②マーケティング・ミックスの活用

POINT ●マーケティングの効果的な取り組みについて理解する。

| 基本問題

問1　次の文章の空欄にあてはまる語句を解答群から選び，記号で答えなさい。

(1)　マーケティングとは，顧客の（　①　）を満たすために，商品やサービスが売れる仕組み
　　をつくることである。

(2)　具体的にマーケティングを展開する場合には，商品政策，（　②　）政策，チャネル政策，
　　プロモーション政策の四つの観点から活動を分類することが多い。

(3)　四つの要素をうまく組み合わせて効率よくマーケティングを展開しようとする考え方のこ
　　とを（　③　）という。

(4)　観光客が「ちょうど良い」と感じる価格のことを（　④　）のある価格という。

(5)　プロモーション政策の例として，チラシや（　⑤　）の作成と配布がある。

【解答群】

　ア．価格　　イ．値ごろ感　　ウ．マーケティング・ミックス　　エ．ポスター
　オ．ニーズ

①..............　②..............　③..............　④..............　⑤..............

問2　次の文章のうち，条件にあてはまるものにはAを，それ以外にはBを記入しなさい。

【条件】プロモーション政策

(1)　ほかの地域の価格設定を調査すること。

(2)　旅行雑誌などに商品の広告を掲載すること。

(3)　地域の観光資源を把握して観光商品をつくりだすこと。

(4)　商品を認知してもらうために電車やバスなどに中吊り広告を出すこと。

(5)　旅行会社の店舗でツアーの申し込みができるようにすること。

(1)..............　(2)..............　(3)..............　(4)..............　(5)..............

問3　兵庫県姫路市にある姫路城では，小学校就学前の子供の入場料を無料にしたり，就学旅行の場合には，生徒15名に対して引率者1人は無料にしたりする施策をおこなっている。こうした施策が該当するものとして，最も適切なものを次のなかから一つ選びなさい。

　ア．商品政策　　　イ．価格政策　　　ウ．チャネル政策　　　エ．プロモーション政策

....

応用問題

問　次の文章を読み，問いに答えなさい。

　さまざまな地域や旅行会社などで，(a)地域に存在する観光資源を発見し，それを磨き上げてツアーを新たに組むという政策をおこなっている。こうしたツアーを販売する場合，(b)競合すると予測されるほかの地域のツアーや類似するツアーの価格を調査して，適正な価格設定をおこなう必要がある。あまりに高額な価格設定では，観光客は別の地域に行ってしまうだろう。

　また，(c)観光客にツアーの存在を認知してもらうために，雑誌や新聞，インターネットなどに広告を掲載したり，チラシやポスターを作成したりする必要がある。そのさいに，(d)ツアーの申し込みができる仕組みをあらかじめ構築しておかなければならない。かつては旅行会社の店舗で申し込みをすることが多かったが，現在はインターネットで申し込みをできることが増えている。なかには(e)店舗や紙媒体を使わずに，インターネット上でツアーの検索・予約・支払いを完結させる旅行会社も出現している。

(1)　下線部(a)を何というか，最も適切なものを次のなかから一つ選びなさい。

　　ア．商品政策　　　イ．価格政策　　　ウ．チャネル政策　　　エ．プロモーション政策

(2)　下線部(b)を何というか，最も適切なものを次のなかから一つ選びなさい。

　　ア．商品政策　　　イ．価格政策　　　ウ．チャネル政策　　　エ．プロモーション政策

(3)　下線部(c)を何というか，最も適切なものを次のなかから一つ選びなさい。

　　ア．商品政策　　　イ．価格政策　　　ウ．チャネル政策　　　エ．プロモーション政策

(4)　下線部(d)を何というか，最も適切なものを次のなかから一つ選びなさい。

　　ア．商品政策　　　イ．価格政策　　　ウ．チャネル政策　　　エ．プロモーション政策

(5)　下線部(e)を何というか，最も適切なものを次のなかから一つ選びなさい。

　　ア．LCC　　　イ．FSC　　　ウ．OTA

(1) ....　(2) ....　(3) ....　(4) ....　(5) ....

観光ビジネスにおけるマーケティングの特徴②

③地域の現状分析

POINT
・地域の現状分析とその効果について理解する。

基本問題

問1　次の文章の空欄にあてはまる語句を解答群から選び，記号で答えなさい。

⑴　地域の現状分析をおこなうさいは，強み（長所）・弱み（短所）・（　①　）・脅威の四つの観点で分析するとよい。

⑵　経済全体の動向や技術革新，法令や会計基準の変更など自分の力では思うように変えられない環境のことを（　②　）という。

⑶　インターネットを通じて不特定多数の人々から少額ずつ資金を調達することを（　③　）という。

⑷　脅威を強みで差別化していこうとする戦略のことを（　④　）という。

⑸　弱みと脅威が重なってしまったときに，最悪の事態を回避するためにとる戦略のことを（　⑤　）という。

【解答群】

ア．防衛戦略　　イ．機会　　ウ．差別化戦略　　エ．外部環境

オ．クラウドファンディング

①.................... ②.................... ③.................... ④.................... ⑤....................

問2　次の文章の下線部が正しい場合は〇を，誤っている場合は解答群から正しいものを選び，記号で答えなさい。

⑴　「強み」と「機会」を組み合わせて，強みを活かした新たなビジネスの可能性について考えることを<u>積極化戦略</u>という。

⑵　「脅威」を「強み」で差別化し，強みを活かして脅威の影響を抑えるための方策について考えることを<u>差別化戦略</u>という。

⑶　「弱み」と「脅威」が重なってしまったときに，最悪の事態を回避するための方策について考えることを<u>弱点強化戦略</u>という。

⑷　強み・弱み・機会・脅威の四つを組み合わせて戦略を立てる手法を<u>SWOT 分析</u>という。

⑸　外部環境のうち，地域によって良い方向に働く変化を「<u>機会</u>」という。

【解答群】

　　ア．脅威　　イ．防衛戦略　　ウ．４Ｐ政策　　エ．経営戦略　　オ．クロスSWOT分析

(1) …………………　(2) …………………　(3) …………………　(4) …………………　(5) …………………

応用問題

問　次の文章を読み，問いに答えなさい。

　創業100年を超える老舗のＡ旅館では，1980年代をピークに宿泊客の長期にわたる逓減傾向に悩んでいた。そこで，旅館の社長・女将・番頭が集まって，旅館の現状についてSWOT分析をおこなった。

　まず，(a)A旅館は歴史ある旅館として知名度が高く，また地域の食材をふんだんに使った料理が評価されている。しかしながら，最寄り駅からＡ旅館近くまでのバスがなく，タクシーの数も少ないなど，交通の便が悪いことが宿泊客の足が遠のく要因ではないかと分析された。

　さらにＡ旅館を取り巻く環境について分析すると，(b)団体旅行の数が減少傾向にあり，個人旅行では安価で気軽に宿泊できるビジネスホテルの利用が増えていることがあげられた。その一方，新型コロナウイルス感染症（COVID-19）が拡大したことで一時は都市部など遠方から訪れる観光客が激減したが，５類感染症へ移行し，徐々に回復傾向にある。

　このように分析をおこない，(c)A旅館では弱みを克服しつつ，機会を逃がさないようにするための戦略を考えることにした。

(1) 下線部(a)はSWOT分析のどの視点にあたるか，適切なものを一つ選びなさい。

　　ア．強み　　イ．弱み　　ウ．機会　　エ．脅威

(2) 下線部(b)はSWOT分析のどの視点にあたるか，適切なものを一つ選びなさい。

　　ア．強み　　イ．弱み　　ウ．機会　　エ．脅威

(3) 下線部(c)の戦略について，最も適切なものを一つ選びなさい。

　　ア．料理のおいしさについて，若年層の観光客にも届くようにSNSを使って発信する。

　　イ．伝統的な旅館で日本情緒を楽しめることをアピールしつつ，素泊まりプランを用意して気軽に泊まれるようにする。

　　ウ．公共交通機関を使って遠方から訪れる観光客の利便性を図るため，駅からＡ旅館までの送迎バスを運行する。

(1) …………………　(2) …………………　(3) …………………

観光ビジネスにおけるマーケティングの特徴③

④観光情報　⑤観光情報の内容

 ・観光情報の重要性と分類について理解する。

| 基本問題 |

問1　次の文章の空欄にあてはまる語句を解答群から選び，記号で答えなさい。

⑴　観光情報を発信することによって，「その地域にいってみよう」という（　①　）が喚起される。

⑵　内容があまり変更あるいは更新されない観光情報のことを（　②　）という。

⑶　内容が頻繁に変更あるいは更新される観光情報のことを（　③　）という。

⑷　観光客が出発前に活用する観光情報のことを（　④　）という。

⑸　観光客が目的地に到着してから活用する観光情報のことを（　⑤　）という。

【解答群】

　ア．静態情報　　　イ．動態情報　　　ウ．着地情報　　　エ．観光動機　　　オ．発地情報

　　　　　　　　　　　　①　　　　　　②　　　　　　③　　　　　　④　　　　　　⑤
　　　　　　　　　　　　………………　………………　………………　………………　………………

問2　次の文章のうち，条件にあてはまるものにはAを，それ以外にはBを記入しなさい。

【条件】着地情報

⑴　旅行前に自宅で読むガイドブック

⑵　GPS機能を用いた地理情報

⑶　旅行前に閲覧する観光地のホームページ

⑷　観光地で入手するパンフレット

⑸　ご当地案内アプリの情報

　　　　　　　　　　　　(1)　　　　　　(2)　　　　　　(3)　　　　　　(4)　　　　　　(5)
　　　　　　　　　　　　………………　………………　………………　………………　………………

問3　滞在型観光の説明として，最も適切なものを次のなかから一つ選びなさい。

　ア．社員旅行でバスに乗車し，二泊三日で有名な観光資源を周遊する観光

　イ．自宅のパソコンで有名な観光地のパノラマ写真を閲覧するバーチャルな観光

　ウ．一つの地域や宿泊施設に宿泊し，その地域の伝統や文化をじっくり体験する観光

　　　　　　　　　　　　　　　　　　　　　　　　　　　　　　………………

問1　次の文章を読み，問いに答えなさい。

　多くの観光客は，「食事や買い物を楽しみたい」「キャンプを楽しみたい」「温泉でリフレッシュしたい」といった目的をもっている。そして，(a)目的にかなう観光地を調べて比較検討をおこない，SNS の口コミなども参考にして目的地を決定する。

　目的地に着いた後であっても，(b)その土地の郷土料理に関する情報や GPS による位置情報などを参考にする観光客は多い。逆にいうと，観光ビジネスを担う側にとっては，観光情報の発信がきわめて重要ということでもある。実際に多くの地方自治体が，Facebook や X（旧 Twitter），Instagram に公式アカウントを設けている。

　(1)　下線部(a)のような観光情報を何というか，適切なものを次のなかから一つ選びなさい。

　　ア．発地情報　　イ．機密情報　　ウ．着地情報

　(2)　下線部(b)のような観光情報を何というか，適切なものを次のなかから一つ選びなさい。

　　ア．発地情報　　イ．機密情報　　ウ．着地情報

(1) ……………………　(2) ……………………

問2　次の文章を読み，問いに答えなさい。

　埼玉県川越市には，駄菓子屋が軒を連ねる菓子屋横丁や江戸時代の鐘楼などの観光資源があり，まちの趣を伝えるパンフレットやポスター，観光プロモーション動画などを作成して，観光振興に取り組んでいる。こうした観光情報を観光客に知らせることは，4P のうち□□□政策に該当する。川越市では，上述した観光資源のほかにも，(a)川越まつりや市の観光農園が取り組んでいるいちご狩りなどのイベントの情報を頻繁に SNS やウェブサイトなどを使って発信し，観光客を呼び込もうとしている。

　(1)　文中の□□□にあてはまる語句は何か，カタカナで記入しなさい。

(1) ……………………………………………………………

　(2)　下線部(a)のような情報を何というか，漢字4文字で記入しなさい。

(2) ……………………………………………………………

第2節　観光ビジネスにおけるマーケティングの特徴④
⑥セグメンテーションとターゲティング　⑦ポジショニング

・セグメンテーションとターゲティング，ポジショニングについて理解する。

基本問題

問　次の文章の空欄にあてはまる語句を解答群から選び，記号で答えなさい。

(1) 市場全体を年齢や性別，所得，地域などのセグメント（層）に分けることを（　①　）という。

(2) 年齢や性別，所得などの基準のことを（　②　）という。

(3) ライフスタイルや性格などの基準のことを（　③　）という。

(4) 特定のセグメントに絞り込んでいくことを（　④　）という。

(5) ほかの地域などと比較して，独自の立ち位置を決めていくことを（　⑤　）という。

【解答群】

　ア．人口統計的な基準　　　イ．ターゲティング　　　ウ．ポジショニング

　エ．セグメンテーション　　　オ．心理的基準

①　　　　　　　②　　　　　　　③　　　　　　　④　　　　　　　⑤

応用問題

問　次の文章を読み，問いに答えなさい。

　地域でマーケティングをおこなう場合，まずは来訪者の居住地など□□□□基準で市場を細分化したうえで，自分の地域にとって最適と思われる基準を選択し，(a)特定の層に焦点をあてることが効果的である。たとえばアニメーション映画の舞台となった地域では，ライフスタイルや性格などを基準として層を絞り込み，標的とする市場を決定して販売促進の方法などを検討していくとよい。

(1) 文中の□□□□にあてはまる基準として，最も適切なものを次のなかから一つ選びなさい。

　ア．心理的　　　イ．地理的　　　ウ．人口統計的

(2) 下線部(a)を何というか，カタカナ5文字で記入しなさい。

(1)　　　　　　　(2)

観光ビジネスにおけるマーケティングの特徴⑤

⑧観光情報の媒体　⑨観光キャンペーンの実施　⑩観光キャンペーンの課題

POINT ● 観光情報の媒体と観光キャンペーンについて理解する。

基本問題

問 次の文章の空欄にあてはまる語句を解答群から選び，記号で答えなさい。

(1) テレビを通じて観光情報を発信する場合，（　①　）を放送するためには高額なコストが必要となる。

(2) 一般的に，テレビやラジオを利用する場合は（　②　）や制作費などがかかる。

(3) 紙媒体のチラシやパンフレットの作成には，（　③　），印刷代，発送費などがかかる。

(4) 観光キャンペーンを展開するときに必要になる全体を統一する基本的な考え方のことを（　④　）という。

(5) JRグループ6社と地方自治体，地元の観光関係者などが一体となって，その地域の集中的な宣伝を全国で実施する国内最大規模の観光キャンペーンを（　⑤　）という。

【解答群】

ア．放送料　　イ．マーケティング・コンセプト　　ウ．デザイン代

エ．デスティネーションキャンペーン　　オ．コマーシャル

①　　　　　　②　　　　　　③　　　　　　④　　　　　　⑤

応用問題

問 下線部(a)の理由として，最も適切なものを次のなかから一つ選びなさい。

　観光キャンペーンを展開するさいは，テレビや雑誌，新聞，インターネットなど，さまざまな媒体を用いて観光情報を発信する。(a)このとき，全体を統一する基本的な考え方が存在していないと，観光キャンペーンの効果が失われることに注意しなければならない。

ア．統一した考え方があることで，全体としてブレのないマーケティングを展開することができ，観光客への訴求効果を高めることができるから。

イ．鉄道会社や旅行会社の間で共有化されることで，積極的に観光キャンペーンに参画してもらえるようになるから。

ウ．考え方が統一されていることで，コストを考慮せずに多くの媒体に広告を出稿することが可能となるから。

顧客の理解①

①顧客の特性　②味覚や嗜好の違い　③ライフスタイルの多様化

- 味覚や嗜好，ライフスタイルの違いなどによる顧客の特性について理解する。

基本問題

問　次の文章の内容が正しい場合は○を，誤っている場合は×を記入しなさい。

(1)　顧客の特性は変化するが，観光地や観光施設はその変化に対応しないほうがよい。

(2)　関西出身の人と関東出身の人とでは，食文化にさまざまな違いがあるといわれている。

(3)　観光客に料理を提供する場合，その人の出身や年齢への配慮が必要となることもある。

(4)　嗜好品についてのこだわりは人によって異なるので，宿泊施設では対応していないことが
ほとんどである。

(5)　情報通信技術の発展や社会のグローバル化などさまざまな環境の変化があるが，ライフス
タイルは誰であってもほぼ同一である。

(1)	(2)	(3)	(4)	(5)

応用問題

問　次の文章を読み，問いに答えなさい。

　時代によって顧客の特性は変化するので，観光ビジネスを担う企業などはその変化に対応して
いかなければならない。たとえば，現代では(a)団体旅行よりも個人旅行に魅力を感じる人や，ガ
イドブックやパンフレットよりも(b)スマートフォンやタブレットで観光情報を集める人が増えて
きている。

(1)　下線部(a)への対応として，最も適切なものを次のなかから一つ選びなさい。

　　ア．宿泊施設において5人部屋中心の構成を，1人〜2人部屋中心の構成に変更した。

　　イ．宿泊施設において，共有スペースに卓球台を置き，集団で遊べるように変更した。

　　ウ．宿泊施設において，最大70名が利用できる大宴会場を新設した。

(2)　下線部(b)への対応として，最も適切なものを次のなかから一つ選びなさい。

　　ア．カラフルなポスターやチラシ，パンフレットを豊富に揃えて，パンフレットには観光地
に関する地図や詳細な情報を記載するようにした。

　　イ．地域内の有名な観光資源に多言語表示の案内板を設置し，駅前や空港の案内所には必ず
語学が堪能な担当者を配置することにした。

　　ウ．ご当地案内アプリを開発して提供するほか，地域内のあちこちに無料で利用できる
Wi-Fi スポットを用意した。

(1)	(2)

顧客の理解②

④国別の訪日外国人旅行者数とその消費額 ⑤世界の文化や習慣

- 文化や習慣の違いが観光にもたらす影響について理解する。

基本問題

問 次の文章の内容が正しい場合は○を，誤っている場合は×を記入しなさい。

(1) 訪日外国人旅行者のなかではフランスからの旅行者が一番多い。

(2) 観光による地域の活性化を検討していくうえでは，日本国内の観光客だけでなく，訪日外国人旅行者も取り込んでいく必要がある。

(3) 中国や韓国からの旅行者は，スマートフォンやデビットカードなどを使用する人もいるが，現金で支払いをする人のほうが圧倒的に多い。

(4) 北米やヨーロッパの一部の国は休暇の期間が短いため，日本への滞在日数も一泊二日の観光客が一番多い。

(5) 国や地域による文化の違いだけでなく，宗教による違いもある。

(1) .... (2) .... (3) .... (4) .... (5) ....

応用問題

問 次の文章を読み，問いに答えなさい。

　海外からの観光客に再び日本を訪れてもらうためには，文化や習慣の違いや(a)宗教の違いを理解して受け入れる姿勢や，(b)代金の支払いや観光情報の入手でストレスを感じることなく観光を楽しんでもらうためのさまざまな工夫が必要である。

(1) 下線部(a)への対応として，最も適切なものを次のなかから一つ選びなさい。

　ア．日本家屋は段差が多いので，なるべくスロープを設けるようにする。

　イ．視覚的に意味を伝えるピクトグラムで情報を伝えるようにする。

　ウ．イスラム法に反していないことを証明するハラル認証の取得を進める。

(2) 下線部(b)の内容として，最も適切なものを次のなかから一つ選びなさい。

　ア．キャッシュレス決済の導入や多言語での案内を進める。

　イ．飲食店で食べきれない分を持ち帰れるようにしてフードロスを削減する。

　ウ．ご飯ものや汁物を提供するときには，お箸とスプーンの両方を用意する。

(1) .... (2) ....

顧客サービス①
①ホスピタリティについて

POINT　　●ホスピタリティについて理解する。

基本問題

問　次の文章の空欄にあてはまる語句を解答群から選び，記号で答えなさい。

(1)　特に接客サービスをおこなう宿泊産業や飲食産業，エンターテイメント産業などを（　①　）産業と呼ぶこともある。

(2)　サービスを提供する場面では（　②　）に従った定型的なサービスだけではなく，顧客のリクエストに応じた柔軟なサービスの提供が重要になる。

(3)　顧客の求めていることを的確に把握しうる（　③　）や，リクエストに的確に対応しうる臨機応変さも身につける必要がある。

(4)　最近はさまざまな国籍の従業員も増えていることから，（　④　）への対応はきわめて重要になってきている。

(5)　顧客が求めたウォンツの背後にある（　⑤　）を解決するために，最適な対応を示すことが求められている。

【解答群】
　ア．ホスピタリティ　　イ．ニーズ　　ウ．コミュニケーション力
　エ．ダイバーシティ　　オ．マニュアル

①............　②............　③............　④............　⑤............

応用問題

問　次の文章の内容が正しい場合は○を，誤っている場合は×を記入しなさい。

(1)　ホスピタリティは現代では，「相手への思いやりをもった手厚いもてなし」という意味あいで用いられている。

(2)　ホスピタリティとは，顧客のどんな要求にもそのまま応えることである。

(3)　マニュアルが存在する場合，どのような場面でもそれを必ず遵守しなければならない。

(4)　宿泊業の一部では顧客管理などに幅広く IT 技術を活用し，顧客の要望にきめ細かく応えている。

(1)............　(2)............　(3)............　(4)............

第4節 顧客サービス②

②接客の重要性　③旅館の接客

POINT ・接客の重要性について理解する。

基本問題

問　次の文章の空欄にあてはまる語句を解答群から選び，記号で答えなさい。

(1)　現地のホテルや旅館で働く従業員の接客が丁寧で（　①　）が感じられれば，その接客に感動して，もう一度その観光地を訪れようと思うこともある。

(2)　旅館において，客室への案内は，主に（　②　）が宿泊客の荷物を持っておこなうことが多い。

(3)　旅館において客室に案内した後に退室するさいは，（　③　）を見せないように後ずさりで下がるのが基本である。

(4)　客室係は，非常時の安全確保のための客室内の避難設備や，客室からの（　④　）などについても説明する。

(5)　ふすまを開けるときは，（　⑤　）に向かい，ふすまに対して斜めに座り，ふすまに面しているほうの手を（⑤）にかける。

【解答群】

　ア．引き手　　イ．仲居　　ウ．避難経路　　エ．ホスピタリティ　　オ．背中

①＿＿＿＿　②＿＿＿＿　③＿＿＿＿　④＿＿＿＿　⑤＿＿＿＿

応用問題

問　次の文章の内容が正しい場合は○を，誤っている場合は×を記入しなさい。

(1)　ふすまを閉めるときは，ふすまの間隔が残り30cmくらいのところで，引き手に手を移し，静かに閉める。

(2)　旅館では宿泊客を多数の従業員でお出迎えすることもある。

(3)　お声がけを好まない宿泊客であっても，その宿泊客に元気を出してもらうために従業員全員で明るくお声がけをすることが大事である。

(4)　旅館では，宿泊客にまた利用したいと思ってもらうため，出迎えよりもお見送りの対応を特に大事にしている。

(5)　エレベーターを使用するときは，客室係は宿泊客を先に通し，降りるときは自分が先に降りて，そのまま宿泊客の前に立って部屋まで案内する。

(1)＿＿＿＿　(2)＿＿＿＿　(3)＿＿＿＿　(4)＿＿＿＿　(5)＿＿＿＿

顧客サービス③
④障がい者や高齢者に対する接客

POINT
　•障がい者や高齢者に対する接客について理解する。

基本問題

問　次の文章の空欄にあてはまる語句を解答群から選び，記号で答えなさい。

(1)　車いすを使用している宿泊客は，段差や急な勾配の（　①　）などを登ることが難しい。

(2)　耳が不自由な宿泊客は，館内放送やドアのノックの音などが聞こえず，万が一のさいの（　②　）なども聞こえないことに注意しなければならない。

(3)　耳が不自由な人が，口の動きから言葉を読み取る方法を（　③　）という。

(4)　（　④　）には，視覚に障がいのある人が周囲の障害物や段差などを確かめたり，視覚に障がいがあることを周囲に知らせたりするための役割がある。

(5)　目が不自由な宿泊客が盲導犬を連れている場合には，盲導犬の（　⑤　）には触らないようにする。

【解答群】

ア．非常ベル　　イ．白杖　　ウ．口話　　エ．スロープ　　オ．ハーネス

①	②	③	④	⑤

応用問題

問　次の文章の内容が正しい場合は○を，誤っている場合は×を記入しなさい。

(1)　車いすを使用している人のために，宿泊施設に入浴用のシャワーチェアや浴室専用の車いすなどが設置されているとよい。

(2)　目の不自由な宿泊客を誘導するさいは，白杖と同じ側に立ち，従業員が宿泊客の肘か肩を軽くつかむかたちで移動するのが基本である。

(3)　盲導犬が仕事をしているときに，盲導犬に声をかけたり触ったりすると，盲導犬の集中力が切れてしまい，飼い主のサポートが十分にできなくなってしまうことがある。

(4)　現在，高齢者や障がいのある人の割合は，人口の5割以上を占めている。

(5)　バリアフリーを充実させることが，新たな観光の需要を生み出すことにつながると考えられる。

(1)	(2)	(3)	(4)	(5)

顧客サービス④

⑤正しい敬語

POINT ・敬語の種類や正しい使い方について理解する。

基本問題

問 次の文章の空欄にあてはまる語句を解答群から選び，記号で答えなさい。

(1) （ ① ）は，相手や話題に登場する人物について，その動作や状態などを高めて表現する敬語である。

(2) （ ② ）は自分の動作や状態などを相手に対してへりくだって表現する敬語である。

(3) （ ③ ）は，相手などに対して丁寧に表現する敬語で，文末に「です」や「ます」をつけたり，「お」や「ご」などの接頭語を使ったりする。

(4) 原則として（ ④ ）には，「お」や「ご」はつけない。

【解答群】

　ア．尊敬語　　イ．外来語　　ウ．丁寧語　　エ．拝見する　　オ．謙譲語

① .... ② .... ③ .... ④ ....

応用問題

問 次の文章の内容が正しい場合は〇を，誤っている場合は×を記入しなさい。

(1) 誤った敬語や日本語として正しくない表現を使うと，相手の印象を悪くするおそれもある。

(2) 尊敬語・謙譲語・丁寧語を適切に組み合わせて用いることで，相手への誠意を示すことができる。

(3) 敬語は多く用いれば用いるほど丁寧なので，一つの語に二つ以上敬語を用いるのがよい。

(4) 相手の動作や状態に謙譲語を用いると失礼になる。

(5) 敬語の使用例として「お客様がご覧になる」は正しい使い方である。

(1) .... (2) .... (3) .... (4) .... (5) ....

第**4**節 **顧客サービス⑤**
⑥身だしなみ

 POINT　　• 身だしなみの重要性について理解する。

基本問題

問　次の文章の空欄にあてはまる語句を解答群から選び，記号で答えなさい。

(1)　身だしなみとは，服装や（　①　）など自分の身のまわりについての心がけのことである。

(2)　飲食物を取り扱う場合には（　②　）にも注意をしなければならない。

(3)　派手な（　③　）や高価な時計などは避け，眼鏡や時計などの小物にも気を配るようにするのがよい。

(4)　指輪やピアス，イヤリングなどは勤務先によってさまざまなので，（　④　）などに従うのがよい。

(5)　ユニフォームを着用するときは，（　⑤　）をすべてとめる。

【解答群】

　ア．アクセサリー　　イ．頭髪　　ウ．ボタン　　エ．衛生面　　オ．就業規則

①　　　　　　　②　　　　　　　③　　　　　　　④　　　　　　　⑤

応用問題

問　次の文章の内容が正しい場合は○を，誤っている場合は×を記入しなさい。

(1)　身だしなみに関するさまざまな基準や規則があるなかで，基本となるのは清潔感である。

(2)　ホテルでは日々多くの宿泊客と接するため，毎日入浴し，香りの強い香水や整髪料などは用いないようにするとよい。

(3)　小物についても高価なものは避けた方がよいが，キャラクターグッズは華やかになるため積極的に身につけたほうがよい。

(4)　ユニフォームがある場合は，清潔かどうかをチェックし，定期的にクリーニングに出すようにする。

(5)　ワイシャツやブラウスがしわになっていないかどうかをチェックするが，名札については特段に気を配る必要はない。

(1)　　　　　　　(2)　　　　　　　(3)　　　　　　　(4)　　　　　　　(5)

顧客サービス⑥

⑦お辞儀

・お辞儀の種類と方法について理解する。

基本問題

問　次の文章の空欄にあてはまる語句を解答群から選び，記号で答えなさい。

(1)　お辞儀には立っておこなう立礼と座っておこなう（　①　）がある。

(2)　お礼や謝罪をするさいにおこなう最も丁寧なお辞儀が（　②　）である。

(3)　（　③　）は，顧客へのあいさつや出迎え，見送りのさいにおこなう。

(4)　（　④　）は，顧客と廊下ですれ違うときや，部屋の入退室のさいにおこなう。

(5)　言葉を発さずに礼をすることを（　⑤　）という。

【解答群】

　ア．座礼　　イ．普通礼　　ウ．会釈　　エ．黙礼　　オ．最敬礼

①　　　　　　②　　　　　　③　　　　　　④　　　　　　⑤

応用問題

問　次の文章の内容が正しい場合は〇を，誤っている場合は×を記入しなさい。

(1)　旅館や料亭など，主に和室を備えた施設では，座礼よりも立礼をすることが多い。

(2)　座礼で最敬礼をおこなう場合，手のひらをすべて床につけて，頭が床から5cmか10cm程度のところになるよう身体を倒して深いお辞儀をしたら，数秒してからゆっくりと身体を起こす。

(3)　座礼は3種類あるが，背筋を丸めて，指先を床から離す点では共通している。

(4)　浅礼は軽めの座礼で，指先を軽く床につけ，背筋を伸ばして身体を30度程度傾けておこなう。

(5)　立礼であっても座礼であっても，顧客にいったんお声がけをしてからお辞儀をすると，より上品な印象を与えられる。

(1)　　　　(2)　　　　(3)　　　　(4)　　　　(5)

顧客サービス⑦

⑧飲食業の接客方法

POINT　●飲食業における接客の基本について理解する。

基本問題

問　次の文章の空欄にあてはまる語句を解答群から選び，記号で答えなさい。

(1)　トレーを持つときは，基本的に（　①　）とは反対の手で持つようにし，手のひらの中心がトレーの中心にくるようにする。

(2)　トレーに置く皿やグラスなどが少ないときは，トレーの（　②　）に置くようにする。

(3)　皿やグラスをトレーからおろす場合には，（　③　）においてあるものから先におろす。

(4)　グラスを持つときは，脚の部分や底から（　④　）ぐらいの高さの部分をもつようにする。

(5)　（　⑤　）は肉・魚介類などの動物性食品を食べない人を指すが，乳製品や卵なども食べないヴィーガンとは異なり，卵や乳製品であれば食べられる人を指す。

【解答群】

ア．外側　　イ．利き手　　ウ．3分の1　　エ．ベジタリアン　　オ．中心

①　　　　　　　②　　　　　　　③　　　　　　　④　　　　　　　⑤

応用問題

問　次の文章の内容が正しい場合は〇を，誤っている場合は×を記入しなさい。

(1)　飲食業における接客にはテーブルのセッティングや来店した客の案内などが含まれるが，予約の管理や代金の精算は含まれない。

(2)　誤って食器を割ってしまうと，破片が飛び散って危険なだけでなく，破損する音が場の雰囲気を壊すことにもなりかねない。

(3)　一般的に料理は顧客の右側から出し，飲み物は左側から出すのが原則といわれている。

(4)　皿を持つときは，親指の付け根をふちにかけ，ほかの4本の指を皿の下にあてて，皿を挟み込むような感覚で持つと安定する。

(5)　皿を置くときは音が出ないように注意を払い，テーブルに置いてから料理の向きを変えるようにする。

(1)　　　　　　(2)　　　　　　(3)　　　　　　(4)　　　　　　(5)

顧客サービス⑧
⑨ユニバーサルツーリズム

POINT ・ユニバーサルツーリズムの概要について理解する。

基本問題

問　次の文章の空欄にあてはまる語句を解答群から選び，記号で答えなさい。

(1)　誰もが気兼ねなく楽しめるように配慮された旅行を（　①　）という。

(2)　わが国では 1994（平成 6）年にいわゆる（　②　）が制定され，旅館やホテルで，高齢者や障がい者などに配慮した施設の改善が進んだ。

(3)　2000（平成 12）年には，いわゆる（　③　）が制定され，駅舎などでのエレベーターやエスカレーターの設置，高齢者や障がい者などが利用できるトイレの設置，低床バスの導入が進んだ。（②）と（③）は 2006（平成 18）年に統合され，（　④　）となった。

(4)　施設のバリアフリー化だけでなく，受け入れ体制に関する（　⑤　）がより重要となっている。

【解答群】

ア．交通バリアフリー法　　イ．バリアフリー法　　ウ．情報発信　　エ．ハートビル法
オ．ユニバーサルツーリズム

①………………　②………………　③………………　④………………　⑤………………

応用問題

問　次の文章の内容が正しい場合は〇を，誤っている場合は×を記入しなさい。

(1)　バリアフリーとユニバーサルツーリズムは，まったく同じ意味である。

(2)　ユニバーサルツーリズムへの取り組みは，潜在的に需要が大きい高齢者や障がい者に観光を普及させ，最終的に経済の活性化を図っていくうえでも重要である。

(3)　ユニバーサルツーリズムに取り組んでさえいれば，その旨をパンフレットやホームページなどで周知させる必要性はない。

(4)　手話通訳付きのツアーを展開している旅行会社もある。

(5)　多くの交通機関や宿泊施設，レストランなどでは，高齢者や障がい者の受け入れ体制を拡充する動きはみられない。

(1)………………　(2)………………　(3)………………　(4)………………　(5)………………

第4節 顧客サービス⑨
⑩観光危機　⑪観光危機管理

POINT ・観光危機と観光危機管理の重要性について理解する。

基本問題

問1　次の文章の空欄にあてはまる語句を解答群から選び，記号で答えなさい。

(1) 地震や津波，火山の噴火，航空機・船舶などの事故，感染症といった自然災害や人為災害などが観光客や観光ビジネスに与える影響のことを，まとめて（　①　）という。

(2) 観光客や観光ビジネスに関わる事業者を守るために，さまざまな緊急時の対応を定め，被害を最小限に抑える（　②　）に取り組む必要がある。

(3) 自然災害時の（　③　）計画や安否確認，救護などのしくみや計画を作成しておき，あらかじめ訓練をすることで，いざというときに戸惑わないようにすることができる。

(4) （　④　）とは，災害を防止したり，災害によって危機が発生する可能性を低めたりするなど，災害や危機によるダメージを小さくするための活動のことをいう。

(5) 災害や危機などのために計画をたて，担当者を配置したり，訓練したりする活動のことを（　⑤　）という。

【解答群】
　ア．避難誘導　　イ．観光危機　　ウ．危機への備え　　エ．観光危機管理　　オ．減災

　①　　　　　　②　　　　　　③　　　　　　④　　　　　　⑤

問2　次の文章のうち，条件にあてはまるものにはAを，それ以外にはBを記入しなさい。

【条件】危機からの復興

(1) 観光危機管理のために計画をたて，担当者を配置したり，訓練したりする活動

(2) 観光危機の発生前や発生後に，被害を最小化し，観光危機による悪影響をとどめる活動

(3) 宿泊施設や飲食店の営業再開予定などを関係者に提供する活動

(4) 観光危機によって心に傷を負った人の回復を支える活動

(5) 観光危機に直面した後に，悪影響を受けた観光地が一日でも早く復興するための活動

　(1)　　　　　　(2)　　　　　　(3)　　　　　　(4)　　　　　　(5)

問　次の文章を読み，問いに答えなさい。

　(a)災害の防止や，(b)災害によって危機が発生する可能性を低くするなど，自然災害や人為災害などさまざまな観光危機によるダメージを小さくすることを減災という。こうした減災を確実におこなうためには，(c)あらかじめ発生する可能性があるさまざまな危機を具体的に想定しておくことが大事になる。

(1)　下線部(a)の具体的な内容として，最も適切なものを次のなかから一つ選びなさい。

　　ア．火災防止のために火気の取り扱いに注意し，あらかじめ「火」の取り扱いに関する規則を定めておく。

　　イ．あらかじめ火災保険をかけておき，建物などが焼失した場合の損害が補償されるようにしておく。

　　ウ．火災が発生したときの避難誘導計画を綿密に立案しておく。

(2)　下線部(b)の具体的な内容として，最も適切なものを次のなかから一つ選びなさい。

　　ア．台風や火災によって受けた被害から一日でも早く回復できるように，地域全体で復興計画を立案し，取り組む。

　　イ．あらかじめ耐震性や耐火性が高い建物にしておき，台風に備えて窓は強化ガラスにしておく。

　　ウ．火災が実際に発生したので，観光客を安全な場所に避難誘導し，安否確認を迅速におこなう。

(3)　下線部(c)の具体的な内容として，最も適切なものを次のなかから一つ選びなさい。

　　ア．台風が到来したので，地域内の現状や台風の進路などの情報を把握し，宿泊客にその情報を正確に伝達する活動。

　　イ．自然災害によって宿泊施設の建物が大きく損壊したが，事業の継続を図り，従業員の雇用の維持に取り組む活動。

　　ウ．あらかじめ発生しうる観光危機を予想しておき，観光危機管理計画を立案したりマニュアルを作成したりするほか，避難訓練なども実施しておく活動。

(1)　………………………　(2)　………………………　(3)　………………………

観光振興とまちづくりの関係①

①観光振興とまちづくり

POINT　• 観光振興による地域の活性化について理解する。

【 基本問題 】

問1　次の文章の空欄にあてはまる語句を解答群から選び，記号で答えなさい。

(1)　日本では2003（平成15）年に（　①　）宣言がなされ，同年より訪日外国人旅行者の増加に向けた（　②　）が展開された。

(2)　地方自治体も観光に関する（　③　）を定めて，観光振興によるまちづくりを推し進めている。

(3)　観光振興とは，自然や歴史遺産などの観光資源を活用し，地域に観光客を呼び込むことで（　④　）を実現しようとする取り組みである。

(4)　観光振興によるまちづくりを進めるさいは，まずはその地域の住民にとって，（　⑤　）まちを目指すことが大切である。

【解答群】

　ア．ビジット・ジャパン・キャンペーン　　イ．住みやすい　　ウ．条例
　エ．地域活性化　　オ．観光立国

①　　　　　　②　　　　　　③　　　　　　④　　　　　　⑤

問2　次の文章の下線部が正しい場合は〇を，誤っている場合は解答群から正しいものを選び，記号で答えなさい。

(1)　ビジット・ジャパン・キャンペーンとは，訪日外国人旅行者の増加に向けた観光プロモーション事業であり，国土交通省主導のもと，官民が連携して取り組んでいる。

(2)　地域活性化は，2014（平成26）年の第二次安倍内閣発足時に発表された政策で，東京圏への人口集中とそれによる地域の人口減少に歯止めをかけて，日本全体を活性化させることを目的としている。

(3)　長野県の小布施町が取り組む「リゾート開発」では，訪れる人・住む人双方が心地よく過ごせる空間をつくることを意識して事業が進められた。

【解答群】

　ア．地方創生　　イ．デスティネーションキャンペーン　　ウ．町並修景事業

(1)　　　　　　(2)　　　　　　(3)

問3 次の文章の内容が正しい場合は○を，誤っている場合は×を記入しなさい。

(1) 住民にとっては見慣れた光景や何気ない生活の知恵なども，外から訪れる人にとっては新鮮な光景となりうる。

(2) 住民が主体的に観光振興に関わることで，それぞれの地域固有の文化や歴史が継承されることにもつながる。

(3) 地域活性化とは，その地域が経済的に潤ったり，生活環境が向上したりするなどして豊かになり，持続的に発展することをいう。

(4) 観光による地域活性化を振興するためには，地域住民の関心よりも旅行会社や鉄道会社に主導権を握ってもらい，地域住民がそれに従うことが求められる。

(5) 観光立国推進基本法は定められたが，地方自治体はごく一部を除いて，観光に関する条例を定めることはなかった。

(1) .... (2) .... (3) .... (4) .... (5) ....

応用問題

問 次の文章を読み，問いに答えなさい。

　長野県の小布施町は，単に歴史的な町なみを残して観光地化するのではなく，住民の意見を取り入れて，(a)訪れる人・住む人双方が心地よく過ごせる空間を意識してまちづくりを進めている。この結果，(b)地域住民の町への愛着が醸成され，町の景観を守り，それを発信しようとする意識の高まりがみられた。

(1) 下線部(a)の説明として，最も適切なものを次のなかから一つ選びなさい。

　ア．観光客が観光地でお金をたくさん使うことで，地域住民や地域の企業の売上高も増加し，その利益で環境整備をおこなうという意味である。

　イ．経済的に活性化すれば，多少の観光公害があっても地域住民は我慢して，その恩恵を受けるという意味である。

　ウ．地域住民にとって住みやすいまちほど観光客も訪れやすいまちとなり，持続可能性のある地域の発展が期待できるという意味である。

(2) 下線部(b)を表す例として，最も適切なものを次のなかから一つ選びなさい。

　ア．定住人口11,000人前後を維持している。

　イ．名産品の栗が全国的に売れている。

　ウ．町に溶け込むコーヒー店やスイーツ店が続々誕生している。

(1) .... (2) ....

観光振興とまちづくりの関係②

②交流人口　③交流人口から関係人口へ

・交流人口と関係人口の考え方について理解する。

基本問題

問1　次の文章の空欄にあてはまる語句を解答群から選び，記号で答えなさい。

(1)　観光や通勤・通学など，外部から何らかの目的でその地域を訪れる人々のことを（　①　）という。

(2)　ある特定の地域と継続的に密接かつ多様に関わる人々のことを（　②　）という。

(3)　特定の地域に住んでいる人々のことを（　③　）という。

(4)　（②）を増加させるためには，その地域について深く理解してもらえるような（　④　）を企画することが必要である。

(5)　一般に特定の地域に多くの人が集まるほど，その地域はにぎやかになり，（　⑤　）も高いと考えられる。

【解答群】

　ア．関係人口　　イ．観光プラン　　ウ．定住人口　　エ．経済的な効果　　オ．交流人口

　①　　　　　　　②　　　　　　　③　　　　　　　④　　　　　　　⑤
　..............　　　..............　　　..............　　　..............　　　..............

問2　次の文章の内容が正しい場合は〇を，誤っている場合は×を記入しなさい。

(1)　日本では少子高齢化が進行しているため，定住人口を増加させることは難しい。

(2)　観光目的でその土地を訪れた人々のことを観光人口というが，交流人口と観光人口はまったく異なるものである。

(3)　関係人口の創出と拡大を図り，将来的に地域が発展していく支えとする考えが浸透しつつある。

(4)　関係人口とはその地域にかつて住んでいた人のことを主に指し，何度も訪れていたとしても，それが観光目的の場合は関係人口とはいえない。

(5)　交流人口はあくまでも一時的に地域を訪れる人のため，地域の長期的・継続的な発展には結びつかないのではないかとも考えられている。

　(1)　　　　　　　(2)　　　　　　　(3)　　　　　　　(4)　　　　　　　(5)
　..............　　　..............　　　..............　　　..............　　　..............

問　次の会話文を読み，問いに答えなさい。

Aさん「地方自治体の人口動態などをみると，(a)定住人口の減少が課題になっているところが多いみたいですね」

先生「そうなんだ。定住人口の増加を目指す地方自治体も増えているけれど，日本全体で人口が減少しているので，どこかの地方自治体で定住人口が増えても，その分別の地方自治体で定住人口が減少してしまうということになる」

Aさん「定住人口を増やすのではなく，観光客など(b)交流人口を増やしていこうという取り組みもありますね」

先生「そうだね。観光振興などによって観光客が増加することで，経済効果が高まるという期待はある。実際に，観光客が地域でお金をつかえば，その分だけ地元の小売店や飲食店の売上高は増加するね」

Aさん「それだけで十分なのでしょうか」

先生「実は交流人口はあくまでも一時的にその地域を訪れるだけで，その後はほとんど地域に関わらない。それでは地域の長期的・継続的な発展には結びつかないのではないかという考え方もあるんだ。そこで，(c)関係人口という考え方が生まれてきた。一言でいえば，特定の地域に愛着など強い思いを抱いている人たちのことだ」

(1)　下線部(a)の説明として，最も適切なものを次のなかから一つ選びなさい。

　　ア．その地域に住んでいる人々を指す。

　　イ．その地域に，1年を超えて住んでいる人々を指す。

　　ウ．その地域内で働いている人々を指す。

(2)　下線部(b)が増えるメリットとして，最も適切なものを次のなかから一つ選びなさい。

　　ア．交流人口は一時的な地域の関わりしかないので，メリットは何もない。

　　イ．観光客などの交流人口が増加することによって，経済効果が期待できる。

　　ウ．地域との関わりへの想いは定住人口よりも強いので，地域の持続的発展が期待できる。

(3)　下線部(c)が増えるメリットとして，最も適切なものを次のなかから一つ選びなさい。

　　ア．関係人口の増加によって，その地域の土地の価格が上がる。

　　イ．関係人口の増加によって，多様な人材が地域づくりに参画するようになる。

　　ウ．関係人口の増加によって，公共事業が増える。

(1)　　　　　　(2)　　　　　　(3)

観光振興とまちづくりの関係③

④ニューツーリズム

POINT ●ニューツーリズムとエコツーリズムについて理解する。

基本問題

問1　次の文章の空欄にあてはまる語句を解答群から選び，記号で答えなさい。

(1) 従来の名所などを見物するだけの観光ではなく，体験や交流といった要素に重点を置いた観光のことを（　①　）という。

(2) 滋賀県では，日本最大の湖である（　②　）やその周辺の自然・文化に触れるエコツーリズムが展開されている。

(3) 海外のエコツーリズムは，（　③　）の絶滅を防ぐという目的でおこなわれることが多い。

(4) エコツーリズムの特徴の一つとして，自然や歴史などについて専門的な知識をもつ（　④　）がいることが挙げられる。

(5) 2008（平成20）年にエコツーリズムを適切に進めるための総合的な枠組みを定める（　⑤　）が施行されている。

【解答群】

ア．ガイド　　イ．琵琶湖　　ウ．エコツーリズム推進法　　エ．ニューツーリズム

オ．野生動植物

①＿＿＿＿　②＿＿＿＿　③＿＿＿＿　④＿＿＿＿　⑤＿＿＿＿

問2　次の文章の内容が正しい場合は○を，誤っている場合は×を記入しなさい。

(1) 1950年代以降，多くの観光客は自分が興味や関心がある地域を選んで観光するようになった。

(2) ニューツーリズムが流行る前は，ほとんどがマスツーリズムだった。

(3) 観光庁は2016（平成28）年から2020（令和2）年にかけて，自然環境学習型観光と題したさまざまなテーマを掲げた観光ビジネスの展開を推進していた。

(4) 自然・文化・歴史などの保護と保全に配慮しながら，地域固有の観光資源を観察したり体験したりする観光のことをエコツーリズムという。

(5) 日本では1990年代後半にエコツーリズムを推進する団体の設立が相次いだ。

(1)＿＿＿＿　(2)＿＿＿＿　(3)＿＿＿＿　(4)＿＿＿＿　(5)＿＿＿＿

問1　次の会話文を読み，問いに答えなさい。

Aさん「昔は会社全体で旅行にでかけることがあったんですね」

先生「社員旅行という名称で，観光の名所にでかけて社員同士の親睦を図っていた。福利厚生の一つだったが，最近ではあまりみられないね。その代わりに個人旅行が増加し，その内容も(a)観光名所を見物するというよりも，体験や交流を重視する観光に変化してきた」

Aさん「たとえば岐阜県高山市の乗鞍山麓五色ヶ原の森では，ガイドが同行して原生林を歩いたり，滝を巡ったりする体験ツアーが実施されているそうです」

先生「五色ヶ原の森は貴重な自然が残り，さまざまな野生動物や昆虫なども生息しているから，それらを守るためにガイドの動向が義務づけられている。それに険しい登山道や急な天候の変化などもあるから，観光客にとっても(b)ガイドの存在はとても大切だね」

(1) 下線部(a)を何というか，最も適切なものを次のなかから一つ選びなさい。

　　ア．マスツーリズム　　　イ．エコツーリズム　　　ウ．ニューツーリズム

(2) 下線部(b)の理由として，最も適切なものを次のなかから一つ選びなさい。

　　ア．五色ヶ原の森の自然を保全するとともに，観光客の安全を守る存在であるため。

　　イ．ガイドが見守ることで，観光客は五色ヶ原の森で自由に過ごすことができるため。

　　ウ．観光客の立ち入りを制限して，五色ヶ原の森を手つかずの状態で保全するため。

　　　　　　　　　　　　　　　　　　　　　　　　(1) ……………………　(2) ……………………

問2　次の文章のうち，条件にあてはまるものにはAを，それ以外にはBを記入しなさい。

【条件】屋久島におけるエコツーリズム

(1) 小型漁船を改造した湖上タクシーを利用して，周辺の自然を眺めて楽しむプランなどが用意されている。

(2) 観光客の安全と自然環境の保全に適切に対応するため，ガイドの登録・認定制度を設けている。

(3) 屋久杉を代表とする島固有の植物や多種多様な動物たちが生息する豊かな自然に触れることができる。

(4) 2004（平成16）年に一般開放され，市の条例で入山にあたってガイドの同行が義務づけられている。

(5) ウミガメの生態や観察時のルールのレクチャーを含めた観察会が実施されている。

　　　　　　　(1) ……………　(2) ……………　(3) ……………　(4) ……………　(5) ……………

観光振興とまちづくりの関係④

④ニューツーリズム

POINT　●グリーンツーリズムとフードツーリズムについて理解する。

| 基本問題 |

問1　次の文章の空欄にあてはまる語句を解答群から選び，記号で答えなさい。

⑴　日本では高度経済成長期に農村から都市部に人口が流出し，都市部においては人口集中やそれにともなう（　①　）の減少が問題化し，農村においては（　②　）や高齢化といった課題が発生していた。

⑵　グリーンツーリズムの推進によって，農山漁村における交流人口や（　③　）が増加し，その結果新たなビジネスの創出による地域活性化が期待できる。

⑶　グリーンツーリズムの基盤を整備するために，いわゆる（　④　）が制定されるほか，旅館業法や道路運送法の規制緩和などがおこなわれている。

⑷　その地域ならではの郷土食や食文化を楽しむ観光のことを（　⑤　）という。

【解答群】
ア．関係人口　　イ．緑地　　ウ．グリーンツーリズム推進法　　エ．過疎化
オ．フードツーリズム

①＿＿＿＿＿　②＿＿＿＿＿　③＿＿＿＿＿　④＿＿＿＿＿　⑤＿＿＿＿＿

問2　次の文章の内容が正しい場合は〇を，誤っている場合は×を記入しなさい。

⑴　自然豊かな農山漁村地域で，その自然や文化，人々との交流を楽しむ滞在型の観光のことをグリーンツーリズムという。

⑵　日本のグリーンツーリズムでは，田園風景や農村の生活文化に触れてもらうという内容が多い。

⑶　エコツーリズムが農山漁村に滞在して自然と触れ合うことに重点を置いているのに対して，グリーンツーリズムは自然環境の保護・保全に重点を置いている。

⑷　フードツーリズムには広島県の牡蠣や山口県のフグといった地域の名産品は含まれるが，その地域で日常的に食べられている料理は観光の対象には含まれていない。

⑸　フードツーリズムを考えるうえでは，観光客にその土地でしか食べられない，あるいはその土地で食べることに意味があると思ってもらうように働きかけることが重要である。

(1)＿＿＿＿　(2)＿＿＿＿　(3)＿＿＿＿　(4)＿＿＿＿　(5)＿＿＿＿

問1　次の会話文を読み，問いに答えなさい。

Aさん「エコツーリズムとグリーンツーリズムは違うものなのでしょうか」

先生「エコツーリズムは自然環境学習型観光とも呼ばれ，学習と自然環境の＿＿＿に重点を置いている。一方，グリーンツーリズムは主に田園や農村における交流に重点が置かれているね」

Aさん「田園も農村も人間の手が入っていますから，琵琶湖や屋久島の自然とは違いますね」

先生「そうだね。こうした取り組みは農山漁村地域でみられるけれど，実際に農業体験などをした人がその地域に強い思いを抱くようになり，地域の活性化につながる可能性もある」

(1)　文中の＿＿＿にあてはまる語句として，最も適切なものを次のなかから一つ選びなさい。

　　ア．保護・保全　　イ．プロモーション　　ウ．歴史的背景

(2)　下線部のような人を何というか，最も適切なものを次のなかから一つ選びなさい。

　　ア．定住人口　　イ．関係人口　　ウ．生産年齢人口

(1) ＿＿＿＿＿＿　(2) ＿＿＿＿＿＿

問2　次の文章のうち，条件にあてはまるものにはAを，それ以外にはBを記入しなさい。

【条件】フードツーリズム

(1)　香川県では讃岐うどんを観光資源としており，人口1万人あたりの「そば・うどん店」の事業所数は全国1位となっている。

(2)　福島県の只見町では，ブナの原生林などの自然環境を活用し，体験型ツアーなどを展開している。

(3)　山形県の鶴岡市では，地元の旅行会社と提携して出羽三山の精進料理を食べられる観光プランを開発している。

(4)　栃木県宇都宮市の中心部には，多くの餃子店が立ち並ぶ通りがあり，観光スポットとなっている。

(5)　大分県宇佐市では，農村民泊をおこなって，農村の生活を体験してもらうツーリズムを展開している。

(1) ＿＿＿　(2) ＿＿＿　(3) ＿＿＿　(4) ＿＿＿　(5) ＿＿＿

観光振興とまちづくりの関係⑤

④ニューツーリズム

POINT

• コンテンツツーリズムとダークツーリズムについて理解する。

基本問題

問1　次の文章の空欄にあてはまる語句を解答群から選び，記号で答えなさい。

(1)　アニメーションや漫画，ゲーム，映画，小説などのコンテンツを動機として観光することを（　①　）という。

(2)　（　②　）とは，世界から「クール（かっこいい）」と捉えられている，または捉えられる可能性のある日本独自の文化や産業などのことをいう。

(3)　書籍，映像，音楽，ゲームなどのコンテンツについて，著作権をはじめとする諸権利を所持する人や組織のことを（　③　）という。

(4)　（　④　）では実際に戦争や災害の被害を受けた場所など，過去の悲劇にまつわるような場所を訪れることで，当時の記憶を（　⑤　）し，犠牲となった方を悼んで悲しみを共有したり，歴史への理解を深めたりする。

【解答群】

ア．クールジャパン　　イ．ダークツーリズム　　ウ．コンテンツホルダー

エ．追体験　　オ．コンテンツツーリズム

①　　　　　　②　　　　　　③　　　　　　④　　　　　　⑤

問2　次の文章の内容が正しい場合は○を，誤っている場合は×を記入しなさい。

(1)　日本では昔から，文学作品の舞台となった場所を訪れることがおこなわれていた。

(2)　映画やアニメなどの舞台となった場所を訪れる日本人は多いが，観光庁の「訪日外国人消費動向調査」によると，「映画・アニメの地を訪問」した訪日外国人はほとんどいない。

(3)　岡山県瀬戸内市では，悲しみを受け継ぎ，平和を考えるという意味でピースツーリズムの推進をおこなっている。

(4)　第二次世界大戦中に原子爆弾が投下された広島市や長崎市では，平和公園や資料館が整備され，多くの観光客が訪れて平和への思いを新たにしている。

(5)　ダークツーリズムは戦争や災害，強制労働や社会差別，環境破壊など人類が直面してきたさまざまな歴史について学ぶことができる。

(1)　　　　　　(2)　　　　　　(3)　　　　　　(4)　　　　　　(5)

問1　次の文章を読み，問いに答えなさい。

　石川県金沢市の湯涌温泉は，2011（平成23）年に放送されたアニメの舞台となったことで，現在も多くの観光客が訪れている。作品のロケーションとして用いられた風景や建物などを，「聖地」と称してファンが訪れており，こうした観光のことを￣￣￣￣という。

　また，アニメのなかで架空のお祭りとして設定されていた「ぼんぼり祭り」を湯涌温泉が湯涌ぼんぼり祭りとして現実に開催している。この(a)湯涌ぼんぼり祭りは地域のお祭りとして定着し，(b)これを目当てに観光に訪れる人や，さらに湯涌温泉周辺の地域と関わりを持ち，実際に移住する人も現れるようになった。

(1)　文中の￣￣￣￣にあてはまる語句として，最も適切なものを次のなかから一つ選びなさい。
　　ア．グリーンツーリズム　　イ．ダークツーリズム　　ウ．コンテンツツーリズム

(2)　下線部(a)は湯涌温泉にとってどのようなものといえるか，最も適切なものを次のなかから一つ選びなさい。
　　ア．観光資源　　イ．観光施設　　ウ．観光需要

(3)　下線部(b)を何というか，最も適切なものを次のなかから一つ選びなさい。
　　ア．労働人口　　イ．定住人口　　ウ．交流人口

(1)……………　(2)……………　(3)……………

問2　次の文章のうち，条件にあてはまるものにはAを，それ以外にはBを記入しなさい。

【条件】ダークツーリズム

(1)　岩手県陸前高田市における，東日本大震災から得られた教訓の伝承や復興の様子などを伝える被災地視察。

(2)　岡山県の長島愛生園では，ハンセン病患者に対する人権侵害問題などを伝える施設を整備している。

(3)　東京都台東区・文京区の「谷根千」と呼ばれるエリアでは，古民家をリノベーションするなどして，下町の雰囲気を残したまちづくりをおこなっている。

(4)　広島市と長崎市では平和公園や資料館を整備して，第二次世界大戦の悲劇を伝えている。

(5)　埼玉県久喜市の鷲宮神社は，アニメの舞台となったことで，イベントを実施して地域を盛り上げている。

(1)…………　(2)…………　(3)…………　(4)…………　(5)…………

観光振興とまちづくりの関係⑥

④ニューツーリズム

POINT
●インフラツーリズムについて理解する。

基本問題

問1　次の文章の空欄にあてはまる語句を解答群から選び，記号で答えなさい。

(1)　私たちの生活を支える電気やガス，水道，道路や線路などのことをインフラストラクチャーまたは（　①　）という。

(2)　インフラストラクチャーを構成するダム，橋，港，工事現場などを見学する観光のことを（　②　）という。

(3)　（②）においては，ダム，橋，港，工事現場などの周辺の（　③　）にも波及効果が期待できる。

(4)　河川がダムによってせき止められたことでできた人造湖のことを（　④　）という。

(5)　国土交通省や（　⑤　）が管理するダムでは，ダムの写真や形式などを記載したダムカードを配布している。

【解答群】

ア．水資源機構　　イ．観光資源　　ウ．インフラツーリズム　　エ．ダム湖

オ．社会資本

①　　　　　　　②　　　　　　　③　　　　　　　④　　　　　　　⑤

問2　次の文章の内容が正しい場合は○を，誤っている場合は×を記入しなさい。

(1)　インフラストラクチャーを観光資源として位置づける地域は減少傾向にある。

(2)　ダムの多くは自然豊かな場所に建設されており，雄大な自然と巨大なダムがおりなす景観に圧倒される人も多い。

(3)　京都府宇治市の天ケ瀬ダムでは，近畿地方整備局が主導してガイド付きツアーを展開している。

(4)　橋は人や貨物を輸送するのには便利なインフラストラクチャーだが，インフラツーリズムの対象とされることはない。

(5)　工場夜景を観光資源として活用する地域が徐々に増加してきている。

(1)　　　　　　　(2)　　　　　　　(3)　　　　　　　(4)　　　　　　　(5)

問1　次の文章を読み，問いに答えなさい。

(a)インフラストラクチャー（インフラ）を対象とするツーリズムでは，普段は入ることのできないインフラの内部や(b)貴重な工事現場などを見学することができ，インフラ施設がつくられた背景を学ぶことができる。また，観光客はインフラ施設にでかけた後は，その周辺の観光資源にも足を運ぶため，□□□□が期待できる。

(1)　下線部(a)を何というか，最も適切なものを次のなかから一つ選びなさい。

　　ア．インフラツーリズム　　　イ．コンテンツツーリズム　　　ウ．ダークツーリズム

(2)　下線部(b)が貴重である理由として，最も適切なものを次のなかから一つ選びなさい。

　　ア．インフラ施設は観光客が来たときのみ稼働しているため。

　　イ．インフラ施設が完成してしまうと工事中の様子はなかなか見られないため。

　　ウ．インフラ施設が設置されている地域の多くは工事そのものが珍しいため。

(3)　文中の□□□□にあてはまる語句として，最も適切なものを次のなかから一つ選びなさい。

　　ア．波及効果　　　イ．乗数効果　　　ウ．広告効果

(1)	(2)	(3)

問2　次の文章のうち，条件にあてはまるものにはAを，それ以外にはBを記入しなさい。

【条件】京都府宇治市の天ケ瀬ダムを対象としたインフラツーリズム

(1)　ダムの壁面にプロジェクションマッピングを投影する社会実験がおこなわれた。

(2)　管理用通路を通って海面から約300mの主塔に上り，風景の鑑賞ができる。

(3)　工場夜景のフォトコンテストが開催された。

(4)　地元のDMOの企画によるガイド付ツアーが展開されている。

(5)　北海道室蘭市や三重県四日市市，福岡県北九州市と連携して，インフラ施設の魅力を発信するサミットを開催している。

(1)	(2)	(3)	(4)	(5)

第2節 **観光に関する地域の課題①**
①地域の現状に関する調査と分析

POINT ▶ ・地域の現状を調査・分析する手法について理解する。

基本問題

問1　次の文章の空欄にあてはまる語句を解答群から選び，記号で答えなさい。

⑴　地域の現状に関する調査と分析をおこなう場合，最初に調査の（　①　）を明確化する。

⑵　調査における一時的な仮説を（　②　）といい，これを立案しておかないと調査にかかるコストと時間が増えてしまう。

⑶　地域の現状に関する調査と分析をおこなう場合，最初に（　③　）と呼ばれる簡単な調査をおこない，何をどの程度まで調査するのかを決定したうえで，本調査をおこなう。

⑷　本調査には，数値化できるデータを収集する定量調査と，意識や行動の変化など数値化できないデータを収集する（　④　）がある。

⑸　調査対象者にアンケートをおこない，回答を得る手法のことを（　⑤　）という。

【解答群】

ア．定性調査　　イ．質問法　　ウ．目的　　エ．予備調査　　オ．調査仮説

①	②	③	④	⑤

問2　次の文章の下線部が正しい場合は〇を，誤っている場合は解答群から正しいものを選び，記号で答えなさい。

⑴　観光ビジネスを展開していくさいには，地域の現状を正しく把握しなければならない。

⑵　仮説を立案するときは，地域の地理や歴史，そして中心的な産業や特産品，商店街の現状などを書籍や雑誌，新聞，官公庁などが公表している統計資料などの既存資料から分析する。

⑶　ヒアリング調査などで新たに収集したデータのことを二次データという。

⑷　調査方法には，アンケートを郵送する郵送法や電話で質問する面接法などがある。

⑸　定性調査の代表的な手法には，地域を代表する関係者や観光客などに対象を絞ってインタビューをおこなうインタビュー法がある。

【解答群】

ア．定量調査　　イ．地域の地形　　ウ．プレゼン資料　　エ．電話法

オ．一次データ

⑴	⑵	⑶	⑷	⑸

問1　次の会話文を読み，問いに答えなさい。

Aさん「調査には定量調査と定性調査がありますが，(a)定量調査だけではだめなのでしょうか」

先生「定量調査だけですむ場合もあるけれど，地元の人であるほど自分の地域に観光にくる人の気持ちはわかりづらい。そうした(b)気持ちを把握するためにも定性調査は大事だよ」

Aさん「観光ビジネスを支える業種はさまざまなので，色々な人の意見を聴いてから定量調査をしたほうがよさそうですね。ただ，定量調査の種類が多いため，どの方法がベストなのか迷ってしまうのですが……」

先生「郵送法は送料がかかるし，電話法や面接法は調査対象者の都合も考えないといけないね。まずは(c)電子リサーチから始めるのはどうだろうか。無料でアンケートができるサービスもあるよ」

(1) 下線部(a)の説明として，最も適切なものを次のなかから一つ選びなさい。

　ア．意識や行動の理由など数値化できないデータを収集する調査の手法である。

　イ．事前調査あるいは略式調査とも呼ばれ，調査対象者の絞り込みのためにおこなわれる。

　ウ．数値化できるデータを収集する調査の手法である。

(2) 下線部(b)のために用いられる手法として，最も適切なものを次のなかから一つ選びなさい。

　ア．仮説の立案　　イ．既存資料の分析　　ウ．インタビュー

(3) 下線部(c)の説明として，最も適切なものを次のなかから一つ選びなさい。

　ア．インターネットや電子メールでアンケートをおこない，回答を得る手法

　イ．観光庁のウェブサイトなどにある統計データをもとに調査する手法

　ウ．公開されているビッグデータを人工知能（AI）で分析する手法

(1)　　　　　　　(2)　　　　　　　(3)

問2　調査の進め方について，最も適切なものを次のなかから一つ選びなさい。

　ア．調査の目的を明確にしておかなくても調査の内容は変化しないので，まずはわからないことをインターネットで調べるほうが効率的である。

　イ．まず調査仮説を立案し，ある程度調査を進めてから目的を明確化していくことで，効率よく調査を進めることができる。

　ウ．調査の目的を明確にすることによって調査仮説の立案も可能になり，効率的に調査を進めることができる。

観光に関する地域の課題②

② RESAS を活用した地域の現状分析
③調査報告書の作成　④ブランドコンセプトの共有

POINT　• 調査報告書の作成やブランドコンセプトの共有の必要性について理解する。

| 基本問題

問1　次の文章の空欄にあてはまる語句を解答群から選び，記号で答えなさい。

(1)　RESAS は地域経済に関する官民のさまざまな（　①　）を集約し，マップやグラフで（　②　）できるようにしたシステムである。

(2)　市場調査の終了後，さまざまな分析をおこなって仮説を検証し，データ分析の結果と仮説にもとづいて（　③　）を作成する。

(3)　そのブランドがどのような価値を実現して顧客に提供するのかを言語化したものを（　④　）という。

(4)　長野県の阿智村では，毎年（　⑤　）をおこない，阿智村来訪者の全体的な傾向や立ち寄り場所などの分析を続けている。

【解答群】

ア．調査報告書　　イ．観光動態調査　　ウ．ブランドコンセプト　　エ．ビッグデータ
オ．可視化

①　　　　　　　②　　　　　　　③　　　　　　　④　　　　　　　⑤

問2　次の文章の内容が正しい場合は〇を，誤っている場合は×を記入しなさい。

(1)　RESAS の産業構造マップを利用することで，地域内のどの観光スポットにいつ人が集まっているのかを把握することができる。

(2)　調査報告書の発表後も関係者からの反応を受けて改善すべき点を探り，調査結果を課題解決に活かしていくことが大切である。

(3)　観光ビジネスにおいては，その地域をほかの地域と差別化するために，地域としての方向性を明確に示したものなどがブランドコンセプトとなる。

(4)　一度ブランドコンセプトを設定した後は，アップデートをする必要はない。

(5)　地域の現状に関する調査と分析によって得られた結果を観光振興に活かすさいは，行政や民間事業者の間でのみ共有されていればよい。

(1)　　　　　　(2)　　　　　　(3)　　　　　　(4)　　　　　　(5)

問3　調査報告書の役割として，最も適切なものを次のなかから一つ選びなさい。

ア．地域の産業の特色や課題をとらえて，データを観光資源や地域活性化に活用することができること。

イ．地域内のどの観光スポットにいつ人が集まっているのかを把握して，集客力が不足している観光スポットへ観光客を周遊させるための手立てを講じることができること。

ウ．情報の共有化を図ることや地域の関係者に動機づけをおこなうこと。

....

応用問題

問　次の文章を読み，問いに答えなさい。

長野県の阿智村は，「日本一の星空の村」を(a)ブランドコンセプトにした地域づくりをおこなっている。阿智村ではさまざまなイベントを展開すると同時に，(b)毎年来訪者の全体的な傾向や立ち寄り場所などの分析を続けている。

(1)　下線部(a)の説明として，最も適切なものを次のなかから一つ選びなさい。

ア．地域の過去の経緯を明確に示したものである。

イ．地域の現状の課題を明確に示したものである。

ウ．地域の方向性を明確に示したものである。

(2)　下線部(b)を実施している理由として，最も適切なものを次のなかから一つ選びなさい。

ア．地域の歴史を正しく記述し，後世に残すためである。

イ．地域の現状を正確に把握し，適切に活用するためである。

ウ．地域住民の動向を把握し，住民税を正確に徴収するためである。

(1) .... 　(2) ....

地域の活性化①

第**3**節

①観光資源となりうる資源　②観光商品の企画

POINT ・観光商品を企画するさいの手法について理解する。

| 基本問題 |

問1　次の文章の空欄にあてはまる語句を解答群から選び，記号で答えなさい。

(1) 地域の自然や文化財，特産品，伝統技術など，有形・無形を問わず，地域に存在するさまざまな資源のことを（　①　）という。

(2) 地域に存在する観光資源と，観光にともなう施設や顧客サービスを総称して（　②　）という。

(3) 観光客のニーズをとらえて商品を開発していこうとすることを（　③　）という。

(4) 競合する地域の動向や，その地域の価格設定などを考慮して価格を決めることを（　④　）という。

(5) かかったコストに一定の利益を付加して価格を設定することを（　⑤　）という。

【解答群】

ア．観光商品　　イ．ニーズ志向　　ウ．競争志向型価格設定法　　エ．コスト・プラス法
オ．地域資源

①……………　②……………　③……………　④……………　⑤……………

問2　次の文章の内容が正しい場合は〇を，誤っている場合は×を記入しなさい。

(1) 有名な観光資源がない地域が観光によるまちづくりに取り組む場合は，現在でもリゾート施設やテーマパークを建設して観光客を呼び込むことが多くおこなわれている。

(2) 観光商品の企画は，すでに存在している地域資源に着目しつつ，観光客のニーズを分析することから始まる。

(3) ダイナミック・プライシングでは，たとえば年末年始などホテルや航空機の利用者が増える繁忙期には価格を引き下げ，閑散期には価格を上げることをおこなう。

(4) 観光商品を販売するにあたっては，価格がすべての決定要因であり，観光客にとって購入しやすいかどうかという点は問題にならない。

(5) 最近ではインターネットを通じて観光商品を購入できることが多くなっている。

(1)……………　(2)……………　(3)……………　(4)……………　(5)……………

問3　企業が独自にもっているノウハウや技術をもとにして商品を開発していこうとすることを何というか，最も適切なものを次のなかから一つ選びなさい。

ア．ニーズ志向　　イ．シーズ志向　　ウ．節約志向

....

応用問題

問1　次の文章のうち，条件にあてはまるものにはAを，それ以外にはBを記入しなさい。

【条件】チャネル政策

(1)　競合する地域の動向を踏まえて観光商品の価格を設定すること。

(2)　観光客に訴求する観光商品の広告の方法を決定すること。

(3)　インターネットを通じて観光商品を購入できるようにすること。

(4)　観光客のニーズを踏まえて観光商品を開発すること。

(5)　旅行代理店で専門担当者がオーダーメイドの観光商品の相談に乗ること。

(1) .... (2) .... (3) .... (4) .... (5) ....

問2　次の文章を読み，問いに答えなさい。

　株式会社日本旅行では，産学連携事業の一環として，大学でマーケティングを学ぶ学生を対象とした観光プランのコンテスト「せとうちプロジェクト2020」を開催した。このコンテストで香川大学が企画した「島×新エリア　よくばり女子へ贈る香川旅！」という20代〜30代の女性をターゲットとした旅行プランが最優秀賞を獲得し，実際に(a)観光商品として発売された。この観光商品は(b)日本旅行の店舗で直接予約するほかに，インターネットでの予約も可能で，小豆島や高松市の仏生山エリアに観光客を誘致することが目指された。

(1)　下線部(a)の説明として，最も適切なものを次のなかから一つ選びなさい。

　　ア．地域に存在する観光資源と観光にともなう施設や顧客サービスの総称である。

　　イ．富士山や琵琶湖，日光東照宮といった日本を代表する観光資源のことである。

　　ウ．その地域ならではの特産物や生産技術，文化財や自然風景などのことである。

(2)　下線部(b)は次のうちどれに該当するか，最も適切なものを次のなかから一つ選びなさい。

　　ア．商品政策　　イ．価格政策　　ウ．チャネル政策　　エ．プロモーション政策

(1) .... (2) ....

地域の活性化②

③ブランド力の向上　④イベントの企画とマネジメント

POINT　●ブランドの育成やイベントの企画とマネジメントの手法について理解する。

| 基本問題 |

問1　次の文章の空欄にあてはまる語句を解答群から選び，記号で答えなさい。

(1)　地域における（　①　）とは，人々に「どのような地域か」を明確にイメージさせる要素をいう。

(2)　何を地域のブランドとするか・築く目的は何か・いかに向上させていくかといったことがらについて，地方自治体・NPO法人・商工会・商工会議所・観光協会や地域住民などから（　②　）を得る必要がある。

(3)　着地型の観光商品を展開するうえで，地域の住民が一体となって観光振興に取り組む場合，地域社会にどうやって貢献するのかなどを定めた（　③　）や，具体的な将来像を定めた（　④　）を設定して，気持ちを一つにすることが大事になる。

(4)　イベントの開催に向けて，人，設備などの物，資金，情報といった資源を効率的に管理して活用していくことを（　⑤　）という。

【解答群】

ア．ビジョン　　イ．ミッション　　ウ．マネジメント

エ．ブランド・アイデンティティ　　オ．コンセンサス

①……………　②……………　③……………　④……………　⑤……………

問2　次の文章の内容が正しい場合は〇を，誤っている場合は×を記入しなさい。

(1)　その地域がもつイメージやコンセプトを明確にすることで，ほかの地域と差別化し，地域の知名度向上や観光客の増加を図ることができる。

(2)　旅行会社によるパッケージツアーの多くは，発地型の観光商品である。

(3)　観光客のウォンツが多様化するにしたがい，現在では「体験」を重視する観光客が減少傾向にある。

(4)　イベントの開催には多くの人手が必要になるため，あらかじめ人数を把握するよりも，準備を進めながら人手を集めていくほうが効率がよい。

(5)　イベントを安全におこなうためのリスク管理や，イベントの参加者や地域住民などさまざまな利害関係者との調整なども，イベントのマネジメントにおいては大切である。

(1)……………　(2)……………　(3)……………　(4)……………　(5)……………

問3　企業等の会議，企業等のおこなう報奨・研修旅行，国際機関や学会などがおこなう国際会議，展示会・見本やイベントを総称したものを何というか，最も適切なものを次のなかから一つ選びなさい。

ア．MaaS　　イ．RESAS　　ウ．MICE

....

応用問題

問　次の文章を読み，問いに答えなさい。

　地域の過疎化が進む新潟県の十日町市と津南町では，2000（平成12）年から，地域活性化を図るため，「大地の芸術祭」という国際芸術祭を開催している。芸術祭における作品の運営や管理などは地元の人々や，ほかの地域から移住してきた人々で構成されたNPO法人越後妻有里山協働機構が担当している。このNPO法人は全国旅行業協会正会員でもあり，(a)独自に企画したツアーなども実施している。

　このほかにも(b)作品が展示されている棚田のオーナーになる人や，国内外から参加する3,000人以上のボランティアなどが芸術祭を支えている。(c)単に芸術祭を開催するだけでなく，常設作品をベースにしたイベント，農業体験やワークショップ，空家や廃校になった校舎の再生など活動の幅や参加する人は拡大している。「大地の芸術祭」が国際的にも高く評価されているのは，一過性のイベントではなく，こうした継続した地域づくりとして成功している点にある。

(1)　下線部(a)について，地域側が主体となって企画した観光商品を何というか，最も適切なものを次のなかから一つ選びなさい。

　ア．発地型旅行商品　　イ．着地型旅行商品　　ウ．受注型旅行商品

(2)　下線部(b)のような人々を何というか，最も適切なものを次のなかから一つ選びなさい。

　ア．定住人口　　イ．交流人口　　ウ．関係人口

(3)　下線部(c)よりわかることとして，最も適切なものを次のなかから一つ選びなさい。

　ア．広告代理店や旅行会社が主体となった大規模なイベントを開催し，観光客がパッケージツアーを利用して多数訪れるので地域の活性化に役立っていることがわかる。

　イ．テレビや新聞，雑誌などを利用して大規模にプロモーションを展開し，イベントが成功しているので，今後は同地域のリゾート開発なども期待できる。

　ウ．地域住民の理解と共感を得つつ，「体験」を重視する観光客に対応したイベントとなっている点で，持続可能な観光になっているといえる。

(1) ....　(2) ....　(3) ....

1　次の(1)〜(8)に最も関係の深いものを解答群から選びなさい。(各5点)

(1)　私たちが日々の生活を送る自宅や学校，会社などがある場所の周辺のこと。

(2)　もともとは人の手によって生み出されたもので，後に観光対象となりうる価値をもつと認められるようになった観光資源のこと。

(3)　世界遺産に関する採択をおこなっている国際連合教育科学文化機関のこと。

(4)　日本文化に特有の概念で，ひっそりとした静けさや寂しさのなかに 趣 を感じること。

(5)　地域で生産された生産物を地域内で消費し，鮮度の維持や郷土愛の定着，輸送エネルギーの削減などに役立てること。

(6)　利益をあげることのみに注力すること。

(7)　自国から外国へ出かける旅行のこと。

(8)　年齢や性別，人種，宗教などが異なるさまざまな人が集まった状態のこと。

【解答群】

ア．人文観光資源　　イ．アウトバウンド　　ウ．地産地消　　エ．ダイバーシティ

オ．寂び　　カ．UNESCO　　キ．日常生活圏　　ク．コマーシャリズム

(1)　　　　　　　(2)　　　　　　　(3)　　　　　　　(4)　　　　　　　(5)　　　　　　　(6)　　　　　　　(7)

(8)

2　DMOに関する説明として，正しいものには○を，誤っているものには×を記入しなさい。

(各5点)

(1)　日本のDMOの登録区分には，広域連携DMOと地域連携DMOの2種類がある。

(2)　戦略的な計画策定をおこなったうえで，プロモーション活動などマーケティング活動をおこなっている。

(3)　日本におけるDMOは「観光地域づくり法人」とも称されている。

(4)　日本をはじめとするアジアで発展し，欧米でも日本の制度を参考に普及しつつある。

(5)　DMOの多くが行政や補助金に依存しており，資金繰りが課題となっている。

(6)　日本におけるDMO登録制度では，登録にあたり文部科学省が設けた要件を満たす必要がある。

(1)　　　　　　　(2)　　　　　　　(3)　　　　　　　(4)　　　　　　　(5)　　　　　　　(6)

3 次の文章を読み，問いに答えなさい。(各5点)

　一般に特定の地域に多くの人が集まるほど，その地域はにぎやかになり，経済的な効果も高くなる。そのため，その地域に住む住民を増やす取り組みが長らくおこなわれてきた。しかし，日本全体で□□□□が進行している現在，どこかの地域で住民が増えたとしても，ほかの地域でその分人口減少が加速してしまうことになる。そのため，地域に観光やビジネスの関係で訪れる人々のほかに，(a)その地域に愛着や関わりをもち，地域づくりに参画してくれるような人々を増やすべきではないかといった考え方が主流になりつつある。こうした考えにもとづく観光ビジネスの展開は，(b)地域の特性を活用するとともに，地域のもつさまざまな魅力を維持する観光につながると考えられている。

(1) 文中の□□□□に入る語句として，最も適切なものを次のなかから一つ選びなさい。
　　ア．少子高齢化　　イ．過疎化　　ウ．観光地化
(2) 下線部(a)を何というか，最も適切なものを次のなかから一つ選びなさい。
　　ア．定住人口　　イ．交流人口　　ウ．関係人口
(3) 下線部(b)を何というか，漢字4文字で正しい用語を記入しなさい。

(1) ……………… (2) ……………… (3) ……………… な観光

4 次の文章を読み，問いに答えなさい。(各5点)

　旅館では宿泊客が到着したとき，女将をはじめとする多数の従業員でお出迎えすることがある。たとえば団体客へは「(a)自分たちはご一行さまをお待ちしておりました」といった挨拶をおこなう。また，雨や雪が降って宿泊客が濡れてしまっているときは，「(b)これをお使いください」と言ってタオルを渡すといった気遣いも大切である。このように，相手のことを思いやり，厚くもてなすことを□□□□という。旅館だけでなく，接客をおこなうさまざまな業界において，これは非常に大切な概念となっている。

(1) 下線部(a)の正しい接客用語はどれか，最も適切なものを次のなかから一つ選びなさい。
　　ア．わたしたち　　イ．我々　　ウ．わたくしども
(2) 下線部(b)の正しい接客用語はどれか，最も適切なものを次のなかから一つ選びなさい。
　　ア．このタオル　　イ．こちら　　ウ．こっち
(3) 文中の□□□□に入る語句として，最も適切なものを次のなかから一つ選びなさい。
　　ア．ユニバーサル　　イ．ホスピタリティ　　ウ．コミュニケーション

(1) ……………… (2) ……………… (3) ………………

1　次の(1)〜(8)に最も関係の深いものを解答群から選びなさい。(各5点)

(1)　多くの人々が手軽に観光を楽しむことができるようになったことをいい，高度経済成長期の頃に進展した。

(2)　その地域の許容量を超えるような大勢の観光客が訪れることで，地域住民の生活が圧迫されたり，自然環境が損なわれたりすること。

(3)　人々の観光対象となる資源のこと。

(4)　人々が観光するさいに利用する施設や場所のこと。

(5)　長い歴史を有する素材や技術，技法などで地域に固有の文化や生活様式，行動様式と結びついた製品を製造すること。

(6)　従来の物見遊山的な観光ではなく，体験や交流などに重点を置いた新たな観光の形態のこと。

(7)　持続可能で誰もが参加できる観光の促進を目的とした国連専門機関のこと。

(8)　視覚的に意味を伝えるシンプルな絵記号のこと。

【解答群】

ア．ニューツーリズム　　イ．観光資源　　ウ．オーバーツーリズム　　エ．UNWTO
オ．ピクトグラム　　カ．マスツーリズム　　キ．観光施設　　ク．伝統工芸

(1)　　　　　　(2)　　　　　　(3)　　　　　　(4)　　　　　　(5)　　　　　　(6)　　　　　　(7)

(8)

2　次の条件にあてはまるものにはＡを，それ以外にはＢを記入しなさい。(各5点)

【条件】博物館

(1)　公民館や図書館，青少年教育施設などと同様に社会教育施設の一つに位置づけられる。

(2)　1872（明治5）年の湯島聖堂博覧会が始まりといわれている。

(3)　人々の生活や文化と地域の自然とが結びついて生み出されたものである。

(4)　歴史や芸術などの全体像を明らかにし，情報を正確に伝える役割がある。

(5)　世界遺産に関する採択を担っている。

(6)　産業やサブカルチャー，スポーツなど，地域の特徴を活かした施設も多くある。

(1)　　　　　　(2)　　　　　　(3)　　　　　　(4)　　　　　　(5)　　　　　　(6)

③ 次の文章を読み，問いに答えなさい。(各5点)

　全国に宿泊施設を展開しているＨ社では，自然環境の保護・保全に向けてさまざまな取り組みをおこなっている。たとえばプラスチックごみ削減のため，客室でのペットボトル入り飲料水の提供をやめ，ウォーターサーバーの設置を開始した。さらに，宿泊施設で使用された歯ブラシを回収し，再度歯ブランとして利用できるようリサイクルするしくみを導入している。

　このような社会に価値を提供すると同時に，企業自身にも経済的な価値をもたらす取り組みのことを，　①　の創造という。今日ではさまざまな企業が①の創造に取り組んでいるが，その背景には(a)1980年代から1990年代にかけて景気の過熱現象が発生していた時代に，(b)大型のリゾート開発が全国各地で進められ，その多くが自然環境を破壊し，現在は寂れた状態になっていることへの反省がある。観光ビジネスはとりわけ関係する業種や人々が多岐にわたるため，(c)国際連合が定めた持続可能な開発目標や社会的責任の大きさを意識していかなければならない。

(1) 文中の　①　にあてはまる用語を，漢字4文字で記入しなさい。
(2) 下線部(a)を何というか，最も適切なものを次のなかから一つ選びなさい。
　　ア．いざなぎ景気　　　イ．バブル経済　　　ウ．高度経済成長期
(3) 下線部(b)に関係する法律として，最も適切なものを次のなかから一つ選びなさい。
　　ア．観光立国推進基本法　　　イ．総合保養地域整備法　　　ウ．外客誘致法
(4) 下線部(c)を何というか，最も適切なものを次のなかから一つ選びなさい。
　　ア．SDGs　　　イ．MDGs　　　ウ．パリ協定

(1) ……………………　(2) ………　(3) ………　(4) ………

④ 次の文章を読み，問いに答えなさい。(各5点)

　宿泊業や航空会社などでは，需要の変化に応じて価格を柔軟に変動させる価格政策を採用していることがある。たとえば年末年始などで利用客が多くなる航空便については運賃を値上げして，閑散期には運賃を大幅に値下げするといった価格政策で，情報通信技術（ICT）の発達がそれを可能にしている。

　情報通信技術の発達は，地域経済に関する官民のさまざまなビッグデータを集約し，マップやグラフで可視化できるシステムの提供も可能にしている。このシステムを　①　といい，観光資源の活用や地域活性化のために用いることができる。

(1) 下線部を何というか，最も適切なものを次のなかから一つ選びなさい。
　　ア．サブスクリプション　　　イ．フリーミアム　　　ウ．ダイナミック・プライシング
(2) 文中の　①　にあてはまる語句として，最も適切なものを次のなかから一つ選びなさい。
　　ア．MaaS　　　イ．RESAS　　　ウ．FSA

(1) ………　(2) ………

1　次の(1)～(5)に最も関係の深いものを解答群から選びなさい。(各5点)

(1) 誰もが気兼ねなく楽しめるように配慮された旅行のこと。

(2) 高齢者，障がい者等の移動等の円滑化の促進に関する法律のこと。

(3) 市場全体を特定の基準で細分化するマーケティングの手法のこと。

(4) 観光資源に関するものなど，それほど頻繁に更新されない情報のこと。

(5) 農山漁村地域に滞在し，人々との交流などをおこなう観光に関する基盤を整備するための法律のこと。

【解答群】

ア．ユニバーサルツーリズム　　イ．セグメンテーション　　ウ．静態情報

エ．バリアフリー法　　オ．グリーンツーリズム法

(1)	(2)	(3)	(4)	(5)

2　次の条件にあてはまるものにはAを，それ以外にはBを記入しなさい。(各5点)

【条件】旅行業

(1) 宿泊施設や交通手段のサービスを受けられるように予約や手配をおこなう。

(2) 旅行計画を作成して参加者を募集し，旅行を実施する。

(3) 観光客を出発地から目的地まで移動させ，対価として運賃を受け取る。

(4) 観光客から依頼を受けて，その希望にあった旅行の内容を考える。

(5) 調理した飲食物を提供する。

(1)	(2)	(3)	(4)	(5)

3　次の文章の空欄に入る語句を解答群から選びなさい。(各5点)

　日本は観光を国の経済成長の基盤とする（　①　）の実現に向けて，国内観光の拡大・充実や（　②　）の誘致などに取り組み，また（　③　）を喚起するためGo To トラベルなどの施策を実施した。こうした観光政策を実施するにあたっては，さまざまな行政機関が協力することが必要になるため，全閣僚が参加する（　④　）会議が開催されている。

【解答群】

ア．観光立国推進閣僚　　イ．観光需要　　ウ．観光立国　　エ．インバウンド

①	②	③	④

4 次の文章を読み，問いに答えなさい。(各5点)

　観光ビジネスは，(a)観光の媒介と(b)観光施設に関わるものが多い。ただし，直接観光客に接する立場の人だけでなく，食材を生産する農水産業者や食材を運搬する運送業者，調理加工する担当者などを含めると，さまざまな立場の人が関わっていることがわかる。

　観光ビジネスについては，(c)観光客の日常生活圏におけるものと(d)観光地，つまり非日常生活圏におけるものとに分類することもできる。

(1) 下線部(a)と下線部(b)に属する業種として，最も適切な組み合わせを次のなかから一つ選びなさい。

　　ア．(a)宿泊業・(b)飲食業　　　イ．(a)旅客輸送業・(b)情報通信業

　　ウ．(a)旅行業・(b)宿泊業

(2) 下線部(c)を何というか，最も適切なものを次のなかから一つ選びなさい。

　　ア．発地側　　イ．着地側

(3) 下線部(d)の例として，最も適切なものを次のなかから一つ選びなさい。

　　ア．観光地に関するポスターやチラシを印刷している印刷会社

　　イ．客室からの景観と郷土料理が自慢の旅館

　　ウ．観光地の口コミサイトを運営する情報通信業者

(4) 下線部(d)における旅行商品の提供を促進する目的で創設された旅行業者は何か，最も適切なものを次のなかから一つ選びなさい。

　　ア．地域限定旅行業　　　イ．第3種旅行業　　　ウ．旅行業者代理業

(1)	(2)	(3)	(4)
....	....	....	....

5 次の文章を読み，問いに答えなさい。(各5点)

　わが国は豊かな自然や地形の起伏が魅力的だが，それは同時に地震や津波，火山噴火，台風などの自然災害の多さにもつながっている。そのため(a)自然災害などが発生したときのために，観光客や観光ビジネスへの被害を最小限に抑制する取り組みが大事になる。たとえば自然災害時の避難誘導計画や安否確認，救護などのしくみや計画を作成しておくことで，(b)災害による損失を小さくすることなどが可能になる。

(1) 下線部(a)を何というか，漢字4文字で記入しなさい。

(2) 下線部(b)を何というか，最も適切なものを次のなかから一つ選びなさい。

　　ア．共生　　イ．包摂　　ウ．減災

(1)	管理	(2)
....		....

[商業 739] 観光ビジネスワークブック

発 行 者	東京法令出版株式会社
	代表者　星沢 卓也
	長野市南千歳町1005番地
印 刷 者	株式会社リーブルテック
	代表者　武井 宣人
	東京都北区堀船１丁目28番１号
発 行 所	東京法令出版株式会社
	〒380-8688
	長野市南千歳町1005番地
	電話〔営業〕026(224)5411
	〔編集〕03(5803)3304